SUEÑALULA

Transforma tus sueños
en tu modo de vida

ISABEL AZNAR

Nota a los lectores: Esta publicación contiene las opiniones e ideas de su autor. Su intención es ofrecer material útil e informativo sobre el tema tratado. Las estrategias señaladas en este libro pueden no ser apropiadas para todos los individuos y no se garantiza que produzca ningún resultado en particular. Este libro se vende bajo el supuesto de que ni el autor, ni el editor, ni la imprenta se dedican a prestar asesoría o servicios profesionales legales, financieros, de contaduría, psicológica u otros. El lector deberá consultar a un profesional capacitado antes de adoptar las sugerencias de este libro o sacar conclusiones de él. No se da ninguna garantía respecto a la precisión o integridad de la información o referencias incluidas aquí y tanto el autor como el editor y la imprenta y todas las partes implicadas en el diseño de portada y distribución, niegan específicamente cualquier responsabilidad por obligaciones, pérdidas o riesgos, personales o de otro tipo, en que se incurra como consecuencia, directa o indirecta, del uso y aplicación de cualquier contenido del libro.

Sueñalula.

Primera Edición: julio 2018.

© Isabel Aznar 2018.

Autoedición y Diseño: Isabel Aznar.

Ilustraciones Saga Maribélula: Ana Martínez.

Registro de la Propiedad intelectual: M-004081/2018

ISBN: 978-84-09-02563-3

isabelaznar888@gmail.com

La publicación de esta obra puede estar sujeta a futuras correcciones y ampliaciones por parte del autor, así como son de su responsabilidad las opiniones que en ella se exponen.

Quedan prohibidas, dentro de los límites establecidos por la ley y bajo las prevenciones legalmente previstas, la reproducción total o parcial de esta obra por cualquier medio o procedimiento, ya sea electrónico o mecánico, el tratamiento informático, el alquiler o cualquier forma de cesión de la obra sin autorización escrita de los titulares del copyright.

Gracias a ti, brillante valiente, por la maravillosa acogida que me has proporcionado. Siento una inmensa alegría, que me acompañes en este tercer libro.

He recibido muchos mensajes muy bonitos. Voy a poner todo mi empeño para darte lo mejor en este libro.

Gracias por poner toda tu confianza para llegar hasta aquí.

A ti, te amo.

 Isabel Aznar

Dedicado a:

Mi familia.

Mis sobrinos.

Mis amigos y amigas.

ÍNDICE

Prólogo 11

FASE 1: ADAPTACIÓN DE UNA NUEVA IDENTIDAD

Transición 21
Transformación 25
Superación personal 33
Pasado 37
Presente 45
Pedir ayuda 49
Futuro 55

FASE 2: CONEXIÓN CON UNO MISMO

Adaptación. 59
Bloqueo 67
Éxito. 77
Fe 85
Aceptar los defectos 89
Convertir los defectos en virtudes 93
Recuperar la fe después de la pérdida 95
Volver a amar 103
Equilibrio 107
Concentración 111
Enfoque. 119

FASE 3 PROPÓSITO

El objetivo personal 129
El amor es el objetivo de la vida.. 135
Tu cometido 141
Contribuye en el mundo 145
La prueba 149
Prueba física material 153
Prueba física espiritual 157

FASE 3: SALTO CUÁNTICO

¡Por fin! 161
Salto cuántico 175
El gran secreto del éxito 181
Anclaje. 185
Cómo te responde el universo. 189
Hábitos del éxito 191
Crea tu método. 197
El gran secreto 201
Agradecimientos: 217

PRÓLOGO

¿Sabes quién eres? ¿Sabes lo qué quieres? ¿Tienes un deseo gigante por compartir?

Estas palabras están dedicadas para ti:

Desear es el síntoma de sentir. Hace poco descubrí estas dos virtudes.

He escrito varios libros que hablan sobre ello; la saga *"Maribélula"* cambia tu vida. Yo misma he vivido la experiencia y quiero ofrecerte una información reveladora. Podrás recordar tu gran potencial.

Estoy segura que todo lo que has trabajado anteriormente ha sido de gran utilidad. En este libro hay partes importantes y significativas, para que puedas entender que forman parte de tus deseos más arraigados. Estos se harán realidad.

Escribo estos libros para ayudarte a recordar que, *tu esencia más pura vibra dentro de ti.* Tu alegría y tu entusiasmo te ayudarán a cambiar tu vida. Esta crecerá para que tú obtengas tu propio éxito y con él, tu bienestar.

Tras un sueño revelador, mi vida dió un giro inesperado. Sin saber a qué me exponía, y mucho menos, qué sucedería. Había tenido una visión clara del cambio que iba a experimentar, así que decidí buscar y averiguar, aquellas señales que se me habían marcado como trayecto de mi vida.

Estas empezaron a tomar sentido, en un orden prioritario de acontecimientos y hallazgos. Me llevaron a escribir estos libros para ti.

Me gustaría aportarte el máximo valor.

Te dejo mi dirección de correo electrónico al final de estas páginas. Por favor, no dudes en ponerte en contacto conmigo si lo crees necesario.

¡Me siento muy contenta por poder recibirte con un gran abrazo entre estas páginas! Ofrecen ese cariño y amor para el alma.

Te amo,

Isabel Aznar.

"Dejaba atrás mi pasado que había muerto. El dolor había desaparecido. Tras aquellas inmensas puertas se encontraba el Mundo Mágico. Brillaba con su luz especial.

Hay algo que todos buscamos. Nace desde lo más profundo de tu ser.

Cómo tú lo valores, ese anhelo te valorará a ti.

No lo puedes arrebatar, tampoco buscar, y mucho menos, esperar.

El secreto oculto que buscan todas las personas. Le he escribo cartas durante mucho tiempo. Sé que me acompaña y está a mi lado.

Dicen que mientras tú evolucionas, alguien cerca de ti está evolucionando contigo.

Sucede una compensación única, que sin estar unidos físicamente, la parte energética sí que lo está.

Llega un momento que la unión se acerca más. En el momento menos esperado, cuando brillas con tu propia luz diferente, alguien muy especial brilla a la vez.

"Una vez te hayas encontrado, esas dos estrellas únicas se juntan. Ese amor te encuentra a ti".

Maribélula.

EMBELLECERTE…

Había llegado a estilismo. Mi compañera tiene la ropa recién planchada de las personas. Los vestidos están colgados en perchas con sus nombres marcados. Los zapatos de diferentes colores estaban en el suelo, debajo de cada conjunto de ropa.

Me voy hacia el camerino de maquillaje. Empiezo a colocar mi tocador con todos los productos que voy a utilizar. Desinfecto lápices, sombras, labiales, reviso pinceles y demás.

Espero que llegue la primera persona de grandes características. Una persona única.

La peluquera también está esperando para hacer su trabajo, el más apropiado para una persona exitosa.

Sí, sí… GRAN PERSONA, QUE ESTÁS LEYENDO ESTAS PÁGINAS…

¿TE LLAMAS…?

…………………

TRES PREGUNTAS:

(Amado lector, responde afirmativamente).

¿Recuerdas:

    1. tú y yo empezamos un juego?

    2. habíamos creado una estructura de deseo?

    3. Cómo acaba el juego?

Antes debes tener claro qué significa *éxito*...

Si estás en estas páginas, significa que has trabajado muy duro para llegar hasta aquí.

¡Te aplaudo por ello! ¡Debes premiarte! ¡Has visto los cambios en tu vida, ahora vamos a por los resultados exitosos!

Magnífica persona, alma brillante...

¿Estás preparada...?

¡QUIERO!

ESE CHASQUIDO DE DEDOS QUE MARCA EL:

¡VAMOS A POR ELLO!

Este viaje, ofrece ciertas pautas que deben ser aceptadas.

1. *Dejar tus recuerdos atrás.*
2. *Reestructurar tu vida.*
3. *Te ofrezco un viaje muy bonito…*
4. *Disfruta soñando.*
5. *Vive soñando.*
6. *Y tu mundo mágico será creado.*

Anota en un cuaderno todas las ideas y revelaciones que tengas.

A medida que transcurras por la lectura, iré haciéndote preguntas. Deberás contestar con tus experiencias. Las cuales te recuerden a las que yo te he contado en el texto.

Reflexiona sobre todas tus pensamientos e ideas. Crea tus propios esquemas que utilizarás al final del libro. Te ayudarán a tener claridad mental.

Acepta los nuevos cambios en tu vida. Aunque tu mente quiera descartar la nueva integración, sigue leyendo.

Gracias, gracias, gracias.

Querido Amor,

Mi vida está cambiando. Siento algo diferente en mí.

Mi vibración del pecho resuena cada vez más intensa.

De vez en cuando, tengo la certeza de entenderlo.

Otras veces, sé que aún debo esperar.

Solo confío.

18   ISABEL AZNAR

FASE 1:

ADAPTACIÓN DE UNA NUEVA IDENTIDAD

TRANSICIÓN

Es el proceso en que adaptamos nuestras nuevas creencias a nuestra vida.

El personaje que has creado tiene que interpretar la historia que le has proporcionado.

Ahora bien, te encuentras en un periodo en el que no tienes claro qué quieres de tu vida.

El pasado sigue apareciendo y el presente lo ves cercano, sin que aún esté en el momento que deseas.

Es un periodo un poco doloroso. Tienes que ser muy sincera contigo misma. No puedes quedarte donde estás por mucho tiempo.

El pasado, aunque se hace presente, de algún modo te expulsa de lo que ya no necesitas. El presente aún no está del todo construido. A pesar de que el flujo de la vida te lleve hacia un destino que tú puedes imaginar.

Sin embargo, todavía no lo tienes tan claro como para ir a por ello. Aún no lo tienes integrado y tu mente no lo reconoce como si fuera algo tuyo.

Ya no perteneces a la vida que tenías hasta entonces. Te va expulsando poco a poco, sin que tú llegues a entender el motivo.

Tu energía empieza a cambiar y te sientes incómoda. No sabes muy bien lo que te pasa. Sin embargo, una parte de ti sabe que estás en un buen camino. Cosas mucho mejores llegarán, aunque todavía no lo veas.

El proceso deja de ser tan doloroso y pesado. Empiezas a seleccionar y a descartar más rápido lo que te conviene y lo que no te conviene.

Es un movimiento de vida muy particular. Notas como tu ámbito laboral cambia. Dejas de necesitar lo que antes deseabas.

La alimentación tampoco es la misma. Decides empezar a cuidarte más. Las dependencias de ciertos alimentos, o adicciones a ciertas bebidas o tabaco, dejan de formar parte de tu vida. Decides cuidarte más y lo sustituyes por costumbres saludables.

La costumbre de los hechos te hacen mirar hacia atrás con cierto reparo. Sabes que ahí no debes volver. Si vuelves, te sientes incómoda.

Probablemente, durante un periodo estés sola. Esta soledad te ayudará a tener más orden en tu vida. Logras ser más consciente de los cambios que estás experimentando.

Empiezas a dedicarte más tiempo a ti misma. Esto te ofrece más tranquilidad. Observas las situaciones pasadas. Te enseña a valorar más la tranquilidad que estás descubriendo.

Te da la seguridad para tomar la decisión. Dejar atrás las partes de ti que, te impiden seguir hacia adelante.

Aquí puede que pierdas relaciones de todo tipo. Distanciamiento temporal de las personas queridas. Soledad absoluta. Pérdida de cosas materiales. Ruptura de lazos afectivos espirituales. Se produce la sanación completa de la relación contigo mismo. Cada vez te sientes mejor con tu fluidez de vida.

La reflexión se hace presente en todo momento. Te ayuda a entender e integrar nuevos conceptos evolutivos.

Todo ello, hace que tu vibración suba. Te prepara para un salto cuántico. Y para ello, debemos desapegarnos del pasado.

Querido Amor:

La transformación es aceptar el pasado. Entender el presente para experimentarlo, sin cargas emocionales que interfieran en tu futuro.

Los recuerdos se hacen cada vez más presentes. Debo descartar opciones. Te percibo.

*"Afrontarlo,
es nuestra decisión."*

TRANSFORMACIÓN

Tu historia empieza a responder a tus circunstancias, pero aún lo ves irreal. No te lo crees.

Llevaba tiempo estudiando estos principios. Estaba intentando aplicarlos en mí. Sin embargo, la verdadera transformación comienza cuando eliges. Sabes que es la decisión que has tomado, la que llevarás a cabo, pase lo que pase.

La transformación comienza cuando haces un compromiso contigo misma. Decides que lo cumplirás.

Las excusas pasan a estar fuera de tu mente. El miedo desaparece porque te das cuenta que es un proceso temporal para mejorar.

Si te enfrentas, podrás auto-superarte. La sensación es muy gratificante. Te das cuenta, que muchas veces, no era para tanto.

Otras, el trabajo diario al que te has expuesto durante un tiempo, te prepara para los resultados.

Los progresos te ayudan a reafirmarte para conseguir tu deseo. Tu sueño empieza a crecer progresivamente.

Desarrollas la capacidad de valorar más tu sueño que lo que acontece por la parte externa. Lo que en su día llamamos las críticas destructivas, se convirtieron en el trampolín necesario para auto-superarte aún más.

Poco a poco, empiezas a ver un cambio en tu vida, tu deseo se cumple de manera tranquila y despreocupada. La ocupación constante por conseguirlo, pasa a ser la parte más prioritaria de tu vida.

Mientras la mayoría de las personas ven desorden, tu inteligencia oculta te va mostrando los motivos del orden.

Empiezas a tener constancia en tus elecciones. Con ella, empiezas a ver resultados positivos como protagonistas de los acontecimientos de tu vida. Los negativos dejan de ser los importantes.

La realidad de los actos propios, te ayudan a entender, la estabilidad interna; aunque haya desorden en la parte externa, sabes que es un ciclo y un periodo que finaliza.

Los finales dejan de ser tan dolorosos. La aceptación está cada vez más presente. El comienzo te inspira nuevamente, y mucho más rápido.

Tu identidad te avisa lo que más te conviene. Te vuelves fiel a su palabra, que progresa hacia tu sueño hecho realidad.

Por favor, siéntate en el sillón de maquillaje. Los tocadores y las luces de los espejos, reflejan con su luz el rostro más luminoso, acompañados de sus ojos hermosos.

Los productos están colocados por tamaños. Los más altos, más cerca del espejo, como pueden ser las bases de maquillaje. Las sombras en el centro del tocador.

En varios botes de colores; están colocados por separado, los lápices de ojos; los lápices de labios y los pinceles.

En un neceser se encuentran los labiales; junto al reparador de labios secos. Están a la vista los diferentes colores que usaremos.

Las sombras en sus gamas de colores, degradan la ilusión de la belleza más ausente. Los coloretes, justo al lado, resaltan la salud de un rostro saludable.

Los productos son diversos. Hay para chicas y chicos. Juntos unidos, mezclados pero no alborotados. Es lo que nos hace diferentes.

Una máquina de afeitar responde a una mezcla exacta, que entiende la persona que se va a sentar.

Muchos productos juntos; mucha variedad. Diferentes texturas inexplicables responden a la belleza auténtica de una persona de coleccionista, que confía en que todo está colocado en un orden personal, al que responde la persona que va a maquillar.

La música y un secador de fondo, anuncian que comenzamos el proceso.

Un chico entra en el camerino. Coge la máquina de afeitar, y se dirige hacia el espacio de peluquería donde concreta que es diferente, aunque similar. Se afeita y se sienta para que le peinen.

El peluquero le moja el pelo, añade un producto especial y le peina. Coge el secador y empieza a darle forma al pelo.

Aunque esta visión correspondería a la idea establecida por el guión o el director, o por mutuo acuerdo de ideas correspondientes. En este caso, yo te pregunto:

¿Cómo te gusta el maquillaje? ¿Qué idea tienes? Estamos en tu guión... ¿Recuerdas?

Empecemos por:

Cuidado facial:

(*¡chicas por supuesto,* **chicos incluidos!**)

Limpiadores, para la piel: Limpian las toxinas e impurezas que esta pueda tener.

1. Limpiador a gusto del lector: limpia las impurezas de la piel.
   Aconsejo; pieles secas con limpiadores en crema.
   Pieles grasas, limpiadores líquidos.
   Para los chicos; limpiadores líquidos (se sienten más cómodos, no les deja la sensación de crema).
2. Tónico: refresca, hidrata y cierra los poros.
3. Crema hidratante con protección; da igual la época del año.
   Existen en el mercado una gran variedad de productos, que están denominados como "dos en uno" y son des-maquillantes.

Ahora viene el comentario:

"Yo no me maquillo..."
Y respondo: Aunque no nos maquillamos, hay que limpiarse la piel todos los días, por la mañana y por la noche; en esta última, añadiremos crema de noche, que nutre la piel.

Una vez a la semana haremos un exfoliante y mascarilla. Cada tres meses, limpieza profesional. Ir a un centro adecuado para que nos limpien la piel y los poros. Cuidarse las cejas y vellos.

Para ellos: Caballeros:

Barbas recortadas.
Pieles: limpias (agua micelar). Después aplicar crema hidratante.
Cabello peinado.

Maquillaje para ellas: Damas:

Tapamos las ojeras. Necesitaremos un tono de color más claro que la base de maquillaje, para iluminar la mirada.

La base de maquillaje, la aplicaremos hasta el cuello; para evitar el efecto "máscara". Daremos un poco de base en la zona de la ojera para unificar los colores.

Para la aplicación correcta, yo suelo utilizar pincel o esponja especial para esto. Para el uso personal, las manos dejan un tono más natural; se funde mejor la textura con la piel.

Raya del ojo; suelo hacerla antes, ya que después de las sombras no se nota. Luego la marco un poco más; cuando he acabado el ojo entero y antes de utilizar máscara de pestañas. Solo la hago después, si voy a utilizar eye-liner, marca más el ojo. Recomiendo que estos sean en gel; son más cómodos.

Sombras: con el color más oscuro, marcamos la cuenca del ojo, desde donde está el globo ocular. El hueso de la ceja y el lagrimal irán en tonos más claros. Puedes añadir sombras con brillo. Máscara de pestañas; negra.

Colorete: pieles claras tonos rosas o, tono melocotón o marrones.

Pieles morenas, tonos más oscuros o, añadiremos color que resalte nuestro tono de piel.

Labios:

Para uso social: tonos marrones, rosados o efecto labio mordido.

Para uso de tarde: podemos utilizarlos más oscuros.

Por las noches: labio marcado.

Cada persona se tiene que ver cómoda con el maquillaje. Prueba qué te favorece más.

Pelo:

Diría que utilizaras productos para el cuidado capilar. El lavado, con champú adecuado para cada tipo de pelo. Aclarado con agua abundante, sobretodo en melenas largas. Después de cada lavado, utilizar el producto adecuado para revitalizar las puntas.

Secamos el pelo, con la cabeza hacia abajo. Demos volumen a la raíz, en caso de pelo largo. Después haremos el peinado deseado.

Ahora sí que empiezo a ver a una persona brillante.

¿Estamos en lo adecuado?

Mírate al espejo y fíjate lo mucho que vales.

Eres una persona:
Única.
Tienes una parte que te hace diferente.
Eres bella.
Prometes.

Prométete ser fiel a ti misma. Tu persona lo merece.

Agradece el hecho de estar viviendo esta experiencia de vida. Es muy bonita. Única. Disfruta de esos momentos diferentes que te ayudan a crecer por dentro.

Date permiso a brillar, luce tus mejores galas.
Conquista tu sueño.

Amaté.

SUPERACIÓN PERSONAL

Has aprendido que la pasión es superación personal. Es lo que te aporta gran felicidad y entusiasmo en tu vida. La vives con gran alegría.

Cuando maquillo a las personas, me fijo cómo va cambiando y mejorando su rostro. Se empiezan a sentir más seguras. Esa seguridad les ayuda a entrar en el personaje que desean interpretar.

Cuando empiezas a entregarte tiempo a ti misma, irradias una energía diferente.

Tus pensamientos son diferentes. Anteriormente los hemos cambiado. Tu deseo se vuelve un pensamiento constante. Y surge el amor hacia ti mismo.

Ese amor te produce un estado de fe, que te ayuda a creer en ti. Sabes que puedes superarte.

Cuando has pasado muchos obstáculos, te das cuenta de su motivo. Empiezas a encajar las piezas del rompecabezas.

Todos los pasos que hemos dado hasta aquí han tenido un motivo. ¡Me siento muy contenta! ¡Has llegado hasta este tercer libro!

Al principio es un poco más difícil, es como no saber hacia dónde ir. Cuando te adaptas al proceso de cambio, entonces tu conducta cambia.

Los desafíos que antes eran un proceso de duda constante, se han convertido en un hábito de conducta.

Si aparece el miedo, sabes cómo controlarlo. Haces de este, el trampolín que te empuja a los resultados.

La transformación de los pensamientos nocivos, se han convertido en pensamientos positivos constantes. Los obstáculos, se superan de forma correcta.

Reemplazas los pensamientos por deseos superiores. Desaparecen las cadenas que antes te mantuvieron atada.

Te das cuenta que, tu nueva inteligencia está conectada a otro flujo de energía aún mayor. Con la meditación y la reflexión, puedes pensar con claridad y ver la dirección que debes tomar.

Tus sentimientos se vuelven más intensos. Se convierten en bondad. La voluntad propia se vuelve en un hacer de forma armoniosa.

Te das cuenta que eres un ser de Amor. Esto te permite ser consciente de la coherencia de la verdad. Aceptas que, *la vida es sentir y pensar.*

La bondad se convierte en lograr mediante los actos de fe y tu conexión es la unión Divina de todo.

Reemplazas las ideas del masculino y femenino. Comprendes que todo está unido. La verdad es la coherencia del amor, la bondad es fe y la belleza es conexión.

Entonces te das cuenta qué significa *el amor incondicional.*

La Fe nos ayuda a seguir hacia delante. La confianza, nos enseña las señales de qué elegir en cada momento.

La unión de ambas, es compartir las experiencias más internas de cada aprendizaje.

Ahora bien, después de haber hecho este inciso para explicarte cuál es el siguiente paso, estás como una querida persona brillante.

¡Estás preparada para dar el gran paso siguiente! La persona que tengo delante en este momento, leyendo este libro, luce un aspecto fenomenal... ¡Brillante!

Estás maquillada, peinada y vestida con las mejores galas para recibir *a tu éxito...*

¿Recuerdas qué significa la palabra éxito para ti?

Lo hemos desarrollado desde *"Maribélula".*
Transcurrimos por las páginas de *"Mandálula"* para encontrar tu nueva identidad.

En esta etapa, con Sueñalula, vamos a construir tu verdadero deseo. En el que vas a trabajar profundamente para llevarlo a cabo.

Ahora bien...

¿Qué significa éxito para ti? Anótalo.

PASADO

Todo tipo de experiencias te ha llevado a los resultados donde te encuentras en este momento.

Aceptar el pasado, es dejar atrás una experiencia vivida, y con ella, cambiamos nosotros. Honrar las experiencias significativas que tuvimos. Aprendimos a llegar dónde estamos.

¿Qué pertenece al pasado?

-Las relaciones que te dolieron.
-Las conductas que te desafiaron.
-Los trabajos que te desmotivaron.
-Las palabras que te menospreciaron.
-Las personas que te negaron o engañaron.

Pertenece al pasado, porque lo has sanado y armonizado. Dejaste atrás la resistencia.

Hace poco, hablaba con una chica a quién estaba ayudando a maquillar sus pensamientos. Ella me comentó cómo estaba su relación. Me contó lo desmotivada que estaba con su trabajo.

Quería llevar un proyecto a cabo, lo estaba haciendo, sin embargo sus dudas le impedían seguir hacia adelante.

Es positiva y estaba entusiasmada, pero no sabía gestionar sus emociones. Eso hacía que anduviera un paso hacia adelante, pero retrocedía dos.

Me dijo, si debes dejar el pasado atrás, es dejar de tener contacto con todas las personas... Tu familia, tus amigos... ¿Todas?

No es dejar de tener contacto con ellos. Es ver la relación de otro modo.

Voy a explicártelo a ti también, persona brillante:

Un buen maquillaje duradero, requiere de una piel bien cuidada. Los maquillajes no duran demasiado sin una piel bien cuidada. Tenemos que aprender a que un maquillaje dure todo el día.

Entender que un edificio bien construido, debe tener una buenas bases.

Sea de lo que sea, son el principio de todo. Son el inicio de lo que quieres construir. La base empieza en el comienzo de tus pensamientos y le sigue la idea de conseguir un objetivo.

Cuando trabajaba en el aeropuerto en las firmas cosméticas, mis compañeros eran muy majos y muy amables. Tanto, que nos hicimos amigos. Nos apoyábamos un montón. Entre todos ellos había una chica. Rubia con ojos azules. Tenía un carácter muy potente y eso fue lo que más me llamó la atención.

Al principio pensé, *"esta chica es difícil de llevar... No sé yo si me convendrá..."*

Sin embargo, miré un poco más allá. Sentí cómo la vibración de mi pecho vibraba más fuerte. Entonces, la sentí. Y pude ver detrás de ese escudo, que había una magnífica persona.

En el aeropuerto hay muchos muebles, donde exponen los productos que se van a vender. Y su firma cosmética estaba al lado de la mía.

I: ¿Cómo te llamas?- pregunté.
-Bianca
I: ¿De dónde eres?
B: De Rumanía.

Bianca dijo:

No sé de que os quejáis, chicas... Nunca habéis vivido en la calle. No habéis estado sin dinero para comer. No os habéis escapado de vuestra casa con vuestro novio. No habéis abandonado a vuestra familia de un día para otro...

Pregunté:

-¿A ti te ha pasado eso?

-Claro.. respondió. La gente se queja mucho y hace poco. No saben lo que es vivir en la calle y no tener dinero...Si lo supieran, harían mucho más. A mí me ha costado mucho llegar hasta donde estoy... No lo puedo perder. Estoy temporalmente trabajando aquí, sin embargo, quiero ser actriz.

Cuando cogimos el metro de Madrid, para volver a casa, volvimos juntas hasta la parada de Nuevos Ministerios.

B: ¿Sabes lo que he aprendido?
Puse atención. Bianca, siempre me enseñaba cosas muy bonitas.

-Tienes que gastar todas tus probabilidades para que vuelvan a entrar probabilidades nuevas.

Al principio, me querían timar cuando empezaba a trabajar, aunque yo no me dejaba... Tenía que pasar esa época para estar donde estoy. Todas las épocas son significativas, Isa. Aunque sean difíciles, son significativas... Son importantes para nosotros. Hoy estamos aquí, pero mañana, a saber dónde estaremos- me dijo antes de despedirnos.

Ahora tengo un amiga que se llama Bianca. Es rumana y muy dura de pelar. Tiene mucho genio. Si se hace tu amiga, vas a poder contar con ella, porque es leal hasta el final.

Es una mujer que se valora. Una mujer que sabe lo que quiere, es segura y no se rinde.

Ella tuvo la posibilidad de quedarse en un sitio, pero subió desde lo más bajo a lo más alto, y lo seguirá haciendo.

No lo tuvo nada fácil en su pasado. Decidió cambiarlo. Utilizó las experiencias como bases para crear un presente mucho mejor. ¡Lo consiguió! vieja, rota y pasada. Las situaciones pasadas deben desaparecer. Deben morir para crear una nueva experiencia, con toda ella crear el nuevo presente.

Entender que pasó en el pasado, para aprender de él. Mirar las experiencias y ver las partes que nos aportaron. Después dejarlo ir.

Hay que ser muy sincero con uno mismo. No vale engañarse... Tranquila, todos lo hemos hecho alguna vez, no haces nada mal. Simplemente, es aceptar lo que no te gustó y dejarlo pasar.

Esta parte es un poco más delicada, aunque es muy significativa.

Cuando era pequeña, me llevaba muy bien con mi padre. Era el padre más divertido del mundo. Mi madre era la persona más alegre del universo.

Mi hermano, aunque con sus cosas, cada vez que tenía un cumpleaños en el colegio y salíamos al recreo, me buscaba para darme unas cuantas golosinas que había guardado en la bolsa.

En la salida, le esperaba en la puerta para coger el mismo autobús y volver a casa juntos.

Había algunas veces que, mi hermano se quedaba jugando con sus amigos y yo, volvía a casa sola. Mi madre me preguntaba: ¿dónde está tu hermano?

Cuando le contaba que se había quedado jugando, me decía que hubiera sido mejor que le hubiera esperado.

Al principio, esos comentarios los aceptaba, pero con el tiempo, sentía que me limitaban.

Me fui haciendo mayor. Me empezó a gustar un chico y cuando se lo quería contar a mis amigas, delante de mi hermano, él opinaba y a mí eso no me gustaba.

Mis amigas empezaron a decirme que no viniera mi hermano, porque a ellas también las gustaba a cada una un chico. Cuando me lo contaban, no querían que mi hermano se enterara.

Mi hermano y yo, nos llevamos dos años de edad, más o menos. Cada vez me iba más con mis amigas. Poco a poco, empecé a distanciarme de mi hermano.

Al tiempo, él empezó a salir. No tenía hora de volver. En mi casa había esas pequeñas diferencias, que decían:

-"Como eres chica, tienes que estar antes".

En esa época, esos comentarios no los soportaba. Me enfadaba. Entonces gritaba y mis padres me regañaban más aún.

Esta situación constante, se volvió cada vez más frustrante. Para mí era todo un reto.

Entonces empecé a buscar opciones para llevar mi vida y gestionármela yo sola.

Cada vez que mis padres me decían "no hagas", yo hacía lo imposible por conseguirlo.

¿Te ha pasado alguna vez?

A día de hoy, entiendo que gracias a esos detalles, he conseguido muchas cosas. Sin embargo, no me siento nada orgullosa de cómo se los he hecho pasar.

Sobretodo a mi madre, que era la abogada de pleitos perdidos.

Al no sentirme entendida, empecé a sentirme como un problema. Fui haciéndome más independiente, y con ello, a contar menos con ellos.

Había elegido una profesión, en la que me mantenía mucho tiempo fuera de casa. Los rodajes duran muchas horas seguidas.

Las televisiones emiten a diversas horas. Trabajaba como freelance. Esto obliga a tener que estar alerta constantemente y no dejar pasar ni un solo trabajo. Si lo dejas pasar, pierdes la oportunidad de que te conozcan y no cobras.

Así que cada vez, me centraba más en tener más trabajos y a pasar menos tiempo en casa de mis padres.

Cuando estamos tan ocupados, no nos damos cuenta de los conflictos que no hemos superado.

¿Te resulta familiar esta historia?

Te seguiré contando más, a medida que transcurras por el libro.

Quizás, te alegre mucho saber más.

A veces, no nos damos cuenta con quienes nos juntamos. Hay personas, que por experiencias personales, están frustradas.

Te enseñan el reflejo más oscuro de sí mismas en tu parte externa. O sea, tu misma. Si no te das cuenta de ello y no estás mirando con ojos positivos, te alejarás de las personas que más amas.

Es necesario que surja un distanciamiento para valorar aquellas partes que necesitamos. Aquellas partes carentes deben ser sanadas.

Para ello, debemos diseccionar el dolor y el sufrimiento. Ser conscientes. Sanar y armonizar el dolor. Después esa parte más luminosa, saldrá a relucir de nuevo.

La transformación, es aceptar que muchas veces, hemos culpado a la parte externa de nuestros propios resultados.

La aceptación total del pasado nos ofrece la responsabilidad absoluta de nuestros actos. Con ello, nos lleva al entendimiento completo de nuestra vida.

PRESENTE

Tu nueva trayectoria de vida, te ayuda a encontrar tus resultados. Te ayuda a desglosar los acontecimientos a largo plazo.

En este proceso, es cuando aceptas tu situación real. Aceptas que has cambiado. La parte creativa está presente durante la mayor parte del tiempo. Te sientes más realizada y con más ganas de vivir el momento.

El guion que construimos anteriormente, lo empiezas a ver cada vez más cercano y próspero. Dejas de identificarte con el pasado. De hecho, apenas lo recuerdas.

El miedo al abandono desaparece. El posible miedo que presentabas ante la opinión de tus allegados, por el qué pasará, deja de ser importante. Ahora lo tienes más claro que antes. Has dejado de sentirte culpable.

El miedo aparece de vez en cuando, sin embargo, lo adaptas como parte del proceso de adaptación de un nuevo concepto.

La seguridad empieza a estar cada vez más presente. El ego se convierte, en orgullo por voluntad de hacer más para ti mismo.

La disciplina se convierte en algo frecuente, que nos lleva a conseguir el objetivo deseado.

Aparece el compromiso espiritual con uno mismo. La rendición amorosa por la vibración que estamos experimentando, es la fuente de energía que nos impulsa a seguir hacia adelante.

El entusiasmo, te ofrece un juego disciplinado, con tu *yo más interno*, como cómplice de los acontecimientos.

Las madrugadas se convierten en largas mañanas, que te acompañan a la hora de realizar tus sueños.

El amor está presente todo el tiempo. Lo sientes. Te mima y te mira con sus ojos más dulces. Te enseña a seguir hacia adelante.

Tus sueños se han convertido en ideas creadas. Aparecen constantemente de la manera más sencilla, para que las sigas.

Todo se ha vuelto fácil, tanto, que te asusta que sea real. Entonces, recuerdas la parte que vimos en mi libro *"Mandálula"*, todo lo que debes permitirte.

El autosabotaje no es tan duradero. Sabes que es miedo y este te empuja a realizar acciones novedosas.

Aceptas el trabajo como algo divertido. El corazón emite amor por conseguir el objetivo.

Aunque de vez en cuando, debemos abandonarlo durante un periodo corto de tiempo.

Has entendido que forma parte del proceso y este viene acompañado de un mini descanso. Es lo que nos permite remontar y volver a empezar con más ganas todavía.

Te vuelves más productivo y esto te hace estar feliz la mayor parte del tiempo. Desarrollas una nueva empatía por la parte externa.

Te ves amenazada por las conductas externas. Puede que otras personas están en el proceso por el que nosotros pasamos anteriormente. Entonces lo entiendes.

Decides ayudar, sin que la ayuda no te perjudique. Si es así, entiendes hasta que punto puedes ayudarles, desde la comprensión y el amor.

En este proceso debes tener cuidado. Muchas veces, nos relajamos y nos distraemos, simplemente, porque las cosas van bien.

En estos casos, se produce una pérdida de entusiasmo, en el que pensamos que ya no es nuestro camino. Creemos que, nos hemos vuelto a equivocar.

Hay que tener cuidado en este proceso. Hemos sufrido mucho en el pasado y nos cuesta aceptar que las situaciones se vuelvan fáciles. Si nos relajamos demasiado, podríamos perder de nuevo la perspectiva.

Cuando las situaciones se vuelven fáciles, debemos seguir avanzando.

Es posible que creas que no estás avanzando. Aparecerán otros obstáculos que te den miedo.

Ten en cuenta, que te estás enfrentando a una situación nueva y lo desconocido da miedo.

Permítete esos cambios. Te prepararán para los nuevos acontecimientos. La idea es seguir avanzando en estos también.

Se produce un periodo de no saber para dónde seguir. En este momento, debes admitir que necesitas ayuda.

Tu pasado no te resuelve tu presente. Este es nuevo, y aunque sepas hacia dónde va dirigido, necesitas ayuda para avanzar en un proceso que desconoces.

Llega el momento en el que empiezas a buscar ayuda. La pides, y de repente, aparece.

PEDIR AYUDA

Repasar tu historial de aprendizaje. Averiguar qué te falta. Descubrir cómo seguir avanzando en tu proceso.

Ten compasión contigo mismo. De vez en cuando aparece el miedo al fracaso. El ego es un mecanismo de defensa hacia el yo interno, te protege de las situaciones desconocidas.

El resentimiento aparece como ira y la resistencia como miedo.

Aprender cómo gestionarlas se logra observando los obstáculos que aparecen en el recorrido, que intentan evitar el miedo y el dolor. Sin embargo, el verdadero trabajo es acabar ese camino que empezaste.

En este proceso, hay que analizar qué te da tanto miedo.

Desbloquear esa situación. Normalmente viene de la adaptación de una creencia limitante.

Una amiga mía quería abrir una ONG sin ánimo de lucro, quería ayudar a personas con sus ideas. Yo le pregunté si realmente le compensaba trabajar sin recibir ningún ingreso de dinero. Ella estaba segura de ello.

Meses después, me llamó por teléfono y me contó que no sabía qué pasaba. Ya no le gustaba su trabajo.

Empecé a hablar con ella. Le hice preguntas para encontrar el bloqueo. Ella tenía que ser consciente, y así poder romperlo.

Su problema era que no adaptaba la idea del dinero como algo positivo, si no negativo. Ella estaba bloqueando la entrada del dinero, porque no se creía beneficiaria de él.

Poco a poco, empezamos a hacer un nuevo concepto. Una nueva idea de que el dinero es algo positivo y necesario en esta vida.

Nos da estabilidad. Nos da valor a nosotros mismos. Nos ayuda a compartir más. Nos ofrece aportar alegría a nuestros seres queridos.

Las personas equilibradas y con dinero, desean aportar valor al mundo. Saben que la fuente del dinero, es la fuente de la abundancia. Esta última, hace referencia a todo.

Si ves el dinero como si estuviera fuera de tu alcance, lo observas desde la carencia. Es por eso por lo que no llega.

El proceso más difícil de este paso, es aceptar que muchas veces necesitamos ayuda. Aunque nuestro ego decida que es mucho mejor hacerlo solos, sin ayuda y dando cincuenta mil pasos más.

El ego te aleja de las personas, de las circunstancias y de los objetivos a realizar. Por eso hay que tener una buena referencia de cuando este aparece, para cortarlo de inmediato.

Si tienes problemas económicos, en primer lugar, acéptalos. Armoniza la situación decidiendo que no te mereces estar así (te darás valor).

Sana la situación buscando nuevas referencias que te ayuden a tener más de lo que deseas.

Solo tienes que buscar a quienes lo consiguieron. Ellos te enseñan a conseguir lo que tú quieres lograr.

Si quieres tener una buena relación, busca personas que estén apasionadamente enamorados.

Si quieres tener éxito, busca y encuentra a personas que lo consiguieron. Ellos te ayudarán a encontrar los resultados que necesitas.

Debes aceptar que necesitas ayuda, para lograr tus objetivos después de una derrota. Aprender de ellos, cómo consiguieron sanarse y llegar a conseguir sus metas.

Admitir cuando necesitamos ayuda, es lo mejor que puedes hacer. Una buena aceptación en el momento adecuado, es lo que te hará que tengas respeto a ti mismo. Con ello, se potenciará tu valor.

¿Te acuerdas que te empecé a contar una historia?

Hablábamos de los conflictos no superados.

Te decía que cuando estamos tan ocupados, los conflictos

que no hemos superado, aparecen con el tiempo para que los superemos.

Esa parte yo no la sabía. Me di cuenta que había tomado las riendas de mi vida, aunque hubo un tiempo que las había perdido.

En ese periodo, que yo sola había creado una idea en mi mente.

Tener esa sensación de no encajar. ¿Sabes que sensación te digo?

Aquellas "amigas" que me decían que no podían hablar conmigo porque estaba mi hermano, si realmente hubieran sido mis amigas, me hubieran dicho:

-¿Podemos hablar en privado?

¿Te ha sucedido que no encuentras la pregunta adecuada en el momento exacto?

Está claro que ellas, no eran conscientes del sistema emocional. Yo tampoco lo era.

Cuando llegué a la raíz de la disección de mis pensamientos, entendí mis conflictos emocionales. Sané mis heridas del Alma. Acepté que mis pensamientos los creaba yo. Me autodestruía yo sola.

No es lo que te dicen. Es cómo tú te tomas lo que te dicen.

Las personas no somos conscientes de cómo nos puede afectar las emociones. Nada tiene significado, excepto el que nosotros le damos.

Este tiene depende de la experiencia vivida.

¿Te ha pasado alguna vez, que tienes esa sensación de haber perdido esa parte que te corresponde?

¿Sientes ese amor, aunque hay algo que te impide demostrarlo?

¿Has sentido alguna vez ese caparazón grueso y duro?

Ese que distancia a las personas cuando quieren darte un abrazo. En ese momento, me di cuenta que la cantidad de veces, que había negado pedir ayuda.

Aprendí que cuando pides ayuda, el caparazón se vuelve más fino. Y si aprendes a mirar detrás de su dureza, *encontrarás el amor de las personas que desean volverte a abrazar.*

La transformación se produce cuando, has logrado perdonar todas las conductas del pasado. Has sanado las heridas emocionales, y finalmente, has armonizado la relación con las personas de tu alrededor.

FUTURO

Es la armonización del pasado. Es el perdón hacia el prójimo. Entender el motivo de tu existencia en este mundo.

El futuro es, tener claro el nuevo concepto de identidad, integrado en tu mente. Tu subconsciente lo ha adaptado como algo personal tuyo, y por ende, te pertenece.

Sin exactitud, algo dentro de ti, te anuncia que un acontecimiento diferente está a punto de pasar.

La observación y sentimiento del presente, puedes tener una percepción del futuro. Las acciones que has tomado, han sido una parte recurrente, para llegar a donde estás en este momento.

Tienes una idea clara de lo que va a suceder y tus creencias se han adaptado a ello. Aprendiste a planificarlo. Lo adaptaste para que las cosas sucedan.

Sabes que al planificarlo te anticipas a los acontecimientos.

Los procesos de desconocimiento son más cortos. Los contratiempos los asumes más rápido. Dejas de estar en las circunstancias aleatorias.

Debo decirte, querida persona que lees este libro, estás haciendo un trabajo formidable.

♥ ¡Estoy muy orgullosa de ti! ♥

Poco a poco, vas creciendo más por dentro.

¡Ayudarás a crecer a los demás!

FASE 2:
CONEXIÓN CON UNO MISMO

ADAPTACIÓN

¿Recuerdas que en mi libro "*Maribélula*", vimos la parte del sentido de ser diferente y sus motivos?

Esta parte, entendemos que no tenemos que ser todos exactamente iguales. Si no, que cada persona, tiene una parte diferente para enseñar al resto.

La aceptación de este proceso, es entender cómo funciona la vida y la conexión que esta te ofrece.

Adaptar este proceso, es entender que la energía fluye a través de nosotros mismos. Damos forma a esta, mediante los pensamientos que tenemos.

Estos, se convierten en creencias y nos llevan a reaccionar de una determinada forma. En este proceso debemos observar los resultados.

¿Qué estamos obteniendo?

Tienes la idea de lo que las kokeshi son muñecas *diferentes* de coleccionista *¡tú también lo eres!*

Ser diferente te aporta el máximo valor. Seguramente, has experimentado en situaciones que eres tú eres quién hace que las cosas se vuelvan distintas. Esto sucede por la disciplina que has trabajado.

Hace unos años, empecé a observar a mis sobrinos. Son todos diferentes, y a medida que les observaba, me daba cuenta que ninguno actuaba del mismo modo.

Tenían esa pequeña particularidad que les potenciaba su nombre. Ese nombre que se distingue por ser diferente. Es la forma que hace que ellos respondan cuando les llamas. No puedes llamarles a todos igual, si no, que lío sería eso.

¿Puedes imaginarlo? ¿Que todos los niños del planeta se llamasen igual?

Al principio responderían todos, finalmente, esto llevaría a un caos que no respondería ninguno, probablemente.

A nosotros nos pasa lo mismo, cuando en la sociedad nos obligan a encajar en el mismo molde que todos. Perdemos nuestra identidad. Olvidamos quienes somos, porque somos seres únicos de coleccionista. Esa etiqueta nos la quitaron y nos pusieron otra.

Imagínate, todos esos niños que en sus casas les llaman por su nombre. Cuando llegan a otro sitio les cambian el nombre y le ponen el mismo a todos.

En el libro *"Mandálula",* explicamos cómo hacer un guión, una historia. Desarrollamos quién quieres ser.

Antes de todo esto, **debes aceptar que tienes que cambiar tu identidad. Desaprender todo lo que has aprendido. Volver a empezar a aprender algo nuevo.**

Volver a empezar es algo duro. No es fácil al principio. Anteriormente, vimos que las creencias cambian el sentido de la vida.

¿Sabías que también cambia la estructura de nuestro cuerpo? ¡Las células también lo hacen!

Los pensamientos surgen en la mente por la parte externa, que observamos por los ojos. Estos estimulan una emoción que hace que todo nuestro cuerpo vibre. La energía vital, sube si nos gusta el objeto observado. O baja, si no nos gusta el objeto observado.

Entonces bien, cuando damos una nueva perspectiva a la mente, esta se tiene que volver a adaptar a un pensamiento nuevo, que antes, no había experimentado.

Todas las células de nuestro cuerpo empiezan a vibrar y obtenemos una energía diferente.

El cuerpo necesita adaptarse a esta nueva energía.

Te lo explicaré de otro modo:

Imagínate que durante años empezaste a caminar con unos zapatos, que en su día eran nuevos.

Con el paso de los años, estos empezaron a estar cada vez más usados, hasta que finalmente, una de las suelas se rompió.

Aunque roto, probaste el zapato. Notaste que había un desnivel de una pierna a otra, pero no le diste importancia. Poco a poco, te acostumbraste a caminar así. Lo adaptaste como algo normal.

Con los años, empezaste a tener molestias en el cuerpo, sin saber muy bien cuál es el motivo. Te fijas en los zapatos viejos.

Una sensación te dice, que quizás sea bueno cambiarlos. Sin embargo, te acostumbraste tanto a ellos, que prefieres no hacerlo.

Te duele mucho el cuerpo. Se lo comentas a alguien que te dice: "quizás te vendría bien visitar a un amigo mío. Es fisioterapeuta, son personas que trabajan lesiones musculares mediante masajes".

Acudes a él y nada más verte, te dice:

"¡Vaya zapatos!"

Aunque para ti, son los mejores del mundo…

Durante un masaje, empieza a colocar los músculos en su sitio. Te dice que con ese calzado seguirás teniendo los mismos dolores.

Finalmente, te pone a tu alcance unos zapatos nuevos. Dudas en cogerlos. Te los llevas a casa y piensas qué hacer: si seguir con los zapatos viejos o empezar a utilizar los nuevos.

Pasan días. Empiezas a utilizar los zapatos nuevos. Te hacen una ampolla. Te quejas y dices que volverás a ponerte los zapatos viejos.

Lo haces. La ampolla te duele igual. Recuerdas que el zapato viejo, en su día también te rozó en ese mismo lado. Ahora lo ha vuelto a hacer el zapato nuevo.

En ese momento, los zapatos viejos, aún dados de si, también te hacen daño, en la ampolla. De repente, ya no resultan tan cómodos.

Así que, empiezas a utilizar más los zapatos nuevos. El cuerpo empieza a moverse de una manera diferente. Notas que caminas mejor, más rápido. ¡El cuerpo no te duele!

Finalmente, tiras los zapatos viejos y te quedas con los nuevos.

Las creencias son exactamente lo mismo. Al principio rozan. Sin darnos cuenta, las vamos adaptando a nosotros mismos como si fueran nuestras.

A veces, dudamos de ellas. Nos da miedo cambiarlas aunque experimentemos los mismos resultados. Poco a poco, empezamos a adaptar nuevas creencias. Estas, nos enseñan resultados diferentes.

Cuando integramos quienes somos, porque así lo deseamos, aceptamos que somos seres completos. Nosotros podemos lograr todo lo que nos propongamos. La parte externa puede ayudarnos a conseguirlo.

Aceptamos que la parte externa, no es una amenaza, si no una ayuda para nosotros mismos. Es evolución.

Querido Amor,

*Algo diferente está surgiendo dentro de mí.
Siento en lo más profundo de mi ser.
Cada día siento más ese susurro interno.*

Ese sentimiento extraño, diferente a su tiempo, en el que no me deja dormir.

Quizás podamos llamarlo entusiasmo, quizás amor...

Una sensación extraña hace que me sienta diferente, esa sensación de no saber muy bien qué hacer... Aunque sé que estoy en lo correcto...

¿Lo has sentido alguna vez?

Mi pecho empezó a vibrar de nuevo.

Él asintió con la cabeza.

-Muchas de las situaciones que estás viviendo las he vivido yo antes- respondió.

Miré a alguien mayor. Era alguien que esperaba que nuestros cambios comenzasen.

Nos explicaba qué proceso debíamos llevar a cabo.

Hay un proceso que debes seguirlo tú sola- comenzó a explicar.

Algo hizo que me pusiera alerta. Sabía que sería doloroso. La vibración de mi pecho se volvió intensa. Sentí cómo una energía hacía que bajara de intensidad.

Sabía que era él quién estaba haciendo que esa intensidad bajase.

De repente, llegó una imagen que desvelaba la parte que tenía que sanar. Esa parte a la que aún no me había enfrentado. Era él quién me estaba mostrando la imagen.

-Aún no está preparada- dijo el ser mayor.

-Lo está- interrumpió él.

SM: No podemos arriesgarlo de nuevo.

E: No estamos arriesgando nada. Ella está preparada. Yo mismo la preparé durante años.

Estaba más serio. Podía sentir su seguridad mientras observaba con atención.

SM: ¿Cómo puedes saberlo?

E: Confío. Tengo fe y amor. Respetar los espacios. Dejad que aprenda por sí sola, es el único modo.

No sabía qué tenía que lograr, y mucho menos, cómo lograrlo. Sin embargo, había un lazo que nos unía... Era un lazo que nos ayudaba a mirar a todos como si fuéramos uno.

Confusa, pero podía sentir cómo su energía vibraba en mi pecho, y ver que era cada vez más intensa. Podía notar cómo se sentía él. Su fe era absoluta, su confianza crecía cada vez más.

Eso me hacía crecer más, volverme más fuerte, más intensa, más pura.

No sabía el tiempo que duraría este proceso. Sabía que no dependía de él, sino de mí.

Entonces, aprendí a desconectar de sus pensamientos. Dejé de sentir. Dejé de oírle.

Me desperté.

BLOQUEO

La confianza en ti mismo te devolverá la fe para lograrlo.

En el proceso de adaptación se producen bloqueos. Muchas veces, experimentamos estos bloqueos como un retraso a la hora de conseguir nuestro objetivo.

Estos procesos son normales, orientativos y adaptativos. Después de pasar un periodo de creatividad, es normal que tengamos una parada de descanso.

Hemos estado vibrando con una energía más pura, más creativa. El amor nos llama a la puerta de nuestra casa, diciéndonos: *abrázame fuerte*. Sin embargo, hay que mencionar el proceso de bloqueo.

Es el momento que el cuerpo necesita descansar para incorporar una nueva idea. Un nuevo suceso o acontecimiento. Normalmente, el bloqueo se produce cuando vamos a dar un salto en nuestro proceso de evolución.

El cuerpo empieza a sentir nuevos procesos evolutivos, y este, comienza a adaptarse para recibirlos.

Imagínate que estás jugando a la pelota. Cuando te la van a lanzar, sabes que esta llegará con fuerza. Adaptas tu cuerpo para cogerla a tiempo, ¿verdad? Este proceso sería el mismo.

El cuerpo se adapta para que el cambio, que también suelen llegar con fuerza, pueda experimentarlo a tiempo.

El bloqueo es el alivio. La adaptación del cuerpo, sirve para evitar que el miedo te haga retroceder de nuevo. Muchas veces, aparece el auto-sabotaje antes, en el que debemos ser sinceros y honestos con nosotros mismos. Reconocer que: *"me he vuelto a auto-sabotear"*.

Esto te permite ser consciente que lo estás cambiando. Muchas veces, cuando experimentamos un bloqueo, si no lo tenemos identificado, nos hará retroceder de nuevo.

Al igual que sabemos qué es lo más beneficioso para nuestro organismo, con el auto-sabotaje, podemos experimentar lo más nocivo.

A veces, mediante el pensamiento, las palabras o acciones hacen que nos sintamos culpables.

Otras veces, mediante la comida, o mediante el alcohol o diferentes tipos de sustancias, que evidentemente, no son beneficiosas para nuestro organismo.

Si se trata de auto-saboteamos, sabemos cómo dañar a nuestro organismo perfectamente.

Podemos volvernos adictos al trabajo, con el fin de no poder pensar, para no enfrentarnos a nosotros mismos. A nuestros pensamientos.

Es un proceso que también es normal. Al estar adaptándonos a un nuevo proceso de vida, muchas veces, retrocedemos a lo que no queremos para valorar lo que hemos conseguido.

Entonces empezamos a diferenciar lo que es el verdadero entusiasmo de hacer. Nos ofrece la claridad emocional. Nos liberamos al tener voluntad de hacer.

Empezamos a sentir de nuevo la energía creativa que pasa por nosotros. Volvemos a recuperar el equilibrio.

Comemos más sano, las verduras empiezan a hacer su función y fluyen por nuestro cuerpo, limpiándolo.

Los alimentos que antes comíamos, los seleccionamos mejor, evitamos los alimentos tóxicos por los saludables. Sabemos que nos aportan más energía.

Encontramos la estabilidad con nosotros mismos. Cuando llegamos a este punto, nos damos cuenta que hemos pasado el límite.

Es aconsejable, llevar un recuento diario de las actividades que puedes lograr a lo largo del día. Las horas invertidas y sus beneficios. Respetarlos.

¿Recuerdas que en *"Mandálula"* aprendimos a planificar?

Planificar el año, los meses, las semanas y los días, es una gran manera de llevar un control de creatividad.

Hay temporadas que no son tan creativas y esas suelen ser temporadas más lentas. Permítetelo también. **Ve a tu ritmo, sin perder el objetivo que quieres lograr.**

Mi rutina en esos procesos, suele ser dormir más. Meditar y reflexionar de dónde viene el bloqueo. Comer sano, zumos con semillas y verduras son los más aconsejables. Caminar más por zonas verdes.

Sobretodo, ser consciente que el bloqueo es personal, nada tiene que ver con el entorno. Entonces, respetas al prójimo. Desapareces del mapa hasta que te equilibras. Entonces, vuelves a empezar.

Es muy aconsejable desaparecer en tus procesos evolutivos. Tener sentido común, cuando no se aguanta ni uno mismo; ¿por qué tener que hacer algo para que te aguanten los demás?

Recuerdo hace un tiempo, que conocí a una chica que siempre que tenía problemas, y se empeñaba en contárselos a todo el mundo. Me di cuenta que yo también lo había hecho anteriormente.

En esa época, yo me había adaptado a pasar mis ciclos conmigo misma. Apenas compartía con alguien lo que me estaba sucediendo, hasta que no había pasado. Ella se enfadaba si no se lo contaba. Decía que no entendía por qué no contaba con ella.

Muchas veces, las personas nos empeñamos en depender de la parte externa. Sin embargo, debemos aceptar que no siempre podemos ayudar. Muchas veces, somos nosotros mismos quienes nos debemos salvar.

Laín me enseña muchas cosas. Uno de los aprendizajes que mejor me enseñó, y yo decidí memorizarlo muy bien, es que, *"cuando te enfocas en algo mucho tiempo, crece"*.

Tiene razón. Si nos enfocamos en problemas, crearemos más problemas. Estos crecen.

Es importante desviar la atención de esos problemas y centrarte en las partes positivas.

¿Te acuerdas que todo tiene un ciclo? La ley del Ritmo, que vimos anteriormente:

-vibración alta: expansión; y

-vibración baja: estancamiento.

Son los ciclos que toda persona debe adaptar a su ciclo evolutivo.

Si eres una persona que hace por conseguir y recibir, verás cómo tu proceso se ve en la parte externa material:

- Tu salud mejora.
- Subirán tus ingresos.
- Tendrás relaciones exitosas.
- Te sientes mejor contigo misma.

En cambio, si las circunstancias no cambian. Sigues postergando tus procesos o sigues viendo la televisión, horas y horas. No lees un libro y estás cansado de no hacer nada. La pereza te puede y no haces nada por cambiar tu vida, no esperes mucho más de lo que ya estás recibiendo.

Para conseguir cambios, debes crear una idea, una causa y un efecto que te darán los resultados.

La suerte no llega por sí sola. La *suerte* es un montón de sucesos concentrados en un hecho realizado por ti. Es la materialización de tus pensamientos. Tu trabajo interno y tu propia fe, mediante la voluntad de hacer.

En los momentos de mini descanso, lo que podemos hacer es reflexionar sobre lo que hemos avanzado.

Si esta situación se vuelve pesada o estamos más bajos de energía, dedícate más tiempo a ti. Recuerda, vimos que la pereza no es mala, tan solo es la adaptación del cuerpo a un nuevo cambio. O simplemente un periodo de descanso.

Es normal pasar por este proceso. Nos encontramos entre la adaptación de un sueño y la realidad cotidiana. Son situaciones diferentes. El sueño es realizar tu presente, la realidad cotidiana es tu pasado.

Si planificamos en el año, meses, semanas y días, tenemos más control de nuestras acciones presentes. Enfocamos los hechos a corto y largo plazo. Entonces, tenemos una ligera predicción del futuro.

Establecemos un orden prioritario de tiempos a seguir. Finalmente, lo valoramos. Vemos todo lo que hemos avanzado.

Vamos a hacer una tabla de rutina: (si tienes un sueño para cumplir, anota el tiempo que te dedicas a ello. Como avanzar en este y mejorarlo. Puedes ayudarte con la tabla que vimos en Mandálula (páginas: 54 y 55).

OBJETIVOS A LARGO PLAZO: (a 1 año):
(Divídelos en 4 meses):

MESES	OBJETIVOS	HOBBIES (mini descanso)
ENERO		
FEBRERO		
MARZO		
ABRIL		
MAYO		
JUNIO		
JULIO		
AGOSTO		
SEPTIEMBRE		
OCTUBRE		
NOVIEMBRE		
DICIEMBRE		

Objetivos del mes:

MES:	GANANCIAS	RESULTADOS
1		
2		
3		
4		
5		
6		
7		
8		

9		
10		
11		
12		
13		
14		
15		
16		
17		
18		
19		
20		
21		
22		
23		
24		
25		
26		
27		
28		
29		
30/31		(mini descanso)

Objetivos de la semana:

SEMANA	OBJETIVOS	HORA	LOGRO
LUNES			
MARTES			
MIERCOLES			
JUEVES			
VIERNES			
SABADO			
DOMINGO	Reflexión.		(mini descanso).

Resultados y recordatorios a largo plazo.

Motivo	Historia	Personaje

Resultados concretados:

Identidad	Motivo	¿Qué vas a conseguir?

Aprendizaje:

Resultados obtenidos

¿Lo tienes?

¿Has rellenado las tablas anteriores?

Haz un breve resumen de tu experiencia hasta ahora.

¿Qué cambios has tenido?

Observaciones:

Concreta tus resultados…

¿Lo hiciste?

¡¡Fenomenal!!

Ya tienes tu rutina para llegar mucho mas lejos.

Pues ahora vamos ver los cambios que va a presentar tu vida.

Antes debes adaptarte para el:

ÉXITO

Descifrar lo que realmente deseas: consigue los resultados.

Éxito responde a un montón de significados. Sin embargo, muchas veces, lo adaptamos a significados externos y pensamos que nunca nos sucederán a nosotros.

Podemos encontrarnos con personas que, de repente, nos cuentan que ya han realizado el trabajo que nosotros deseamos realizar. La mente entra en juego y te protege, tu ego grita, y te dice: *"esta persona ya lo ha conseguido, yo no lo lograré"*.

En este momento nuestra creatividad se anula. Volvemos a bloquearla. Las respuestas a las preguntas:

¿de qué sirve esto?, ¿por qué lo consiguió él antes que yo?, ¿me he vuelto a equivocar?

Si cambiamos el modo de preguntar por:

¿Cómo puedo lograr lo que esta persona consiguió? ¿Si estoy en mi camino, cómo puede ayudarme?

A veces nos encontramos con otras personas que nos dicen que está todo inventado. Y tienen razón, hay muchas cosas inventadas.

¿Por qué no mejorarlas? ¿Qué se te ocurre para mejorar tu sueño?

Debemos empezar a cuestionarnos las preguntas y pensamientos que tenemos cada día. Desde por la mañana, debemos levantarnos con ganas de empezar el día, con esas ganas de cumplir nuestro deseo.

Las comparaciones con otros, solo nos llevarán a un enfoque competitivo. Nuestro ego se alineará con los juicios que está haciendo nuestra mente. Decidirá mantenernos en la zona de confort, haciendo siempre lo mismo, sin riesgos. Con todo ello; sin cambios.

Una persona brillante, como puedes ser tú, que estás leyendo este libro, no ha llegado hasta esta página por casualidad.

Estás aplicando la **ley de la causa y efecto** que vimos en *"Maribélula"*:

Has llegado hasta estas páginas porque estás buscando un cambio. Esto crea una *causa y* para tener el *efecto* deseado, necesitas entender una parte ausente en sus resultados.

Has recorrido los procesos de evolución. Has trabajado en ti mismo para mejorar. Tu conducta ha cambiado.

El éxito es el reconocimiento de ti mismo con una nueva identidad, que te llevará a obtener los resultados más propios para ti.

Si te centras en los resultados ajenos, la preocupación por no poder lograrlo aparecerá. Disminuirá la ocupación de lograrlo.

En cambio, si tienes claro que vas a lograr tu deseo y estás ocupándote de conseguirlo, tus pensamientos se enfocarán en lograrlo, no lo comparas con otros resultados.

Revisa las tablas que vimos anteriormente. No las pierdas de vista. Concéntrate en lo que deseas: **tu objetivo**.

Trabajar con personas que están en tu mismo proyecto está recomendado, ya que puedes ayudarte con ellos.

Por eso, en su día, fue beneficioso *seleccionar a las personas que aportan de las que restan*. Diferenciar las personas que te ayudarán en el proceso, aprenderás de ellos y ellos de ti. Es un bien mutuo y común.

Debes decirte la verdad. Reconoce tus puntos débiles que impiden que tu creatividad avance.

¿Qué es lo que te está bloqueando? ¿Cuál es el miedo? ¿Cómo responden tus amigos cuando les hablas de tu deseo? ¿Te empujan a que lo consigas?

O, ¿te dicen los motivos por los que no vas a conseguirlo?

Si es de esos, aléjate de ellos. Aprende a trabajar tu límite y marca el límite al resto.

Cuando estás en tu deseo, debes potenciarlo y adaptarte a que las circunstancias están cambiando. Si te mantienes en el lugar de siempre, no dejarás que la energía fluya. De hecho, bloquearás la energía creativa.

Debes aceptar que has cambiado. Las circunstancias han cambiado. Y tú debes seguir hacia adelante con tu deseo.

Ahora bien, vamos a hacer un ejercicio. Por cierto, espero que hasta esta página que hemos llegado, hayas tenido tu cuaderno de notas al lado. Habrás reflexionado y respondido, tanto a las preguntas, como a las revelaciones que te hayan ido surgiendo. Doy por hecho, que rellenaste las tablas anteriores.

¿Sí o sí...?

Si no es así, retorecede para hacerlos. Después, sigue hacia delante:

1. Coge papel y bolígrafo. (los tienes al lado, "espero").
2. Escribe de nuevo cuál es tu deseo.
3. Remarca el personaje con la historia que trabajamos juntos en *"Mandálula"*.
4. Escribe los éxitos que has conseguido y el punto en el que estás.
5. Léelo varias veces al día.
6. Repítelo hasta que sientas que formas parte de tu deseo.
7. Fórmate con aquellas personas que lo hayan conseguido.
8. Invierte en ti:
   10% en conseguirlo.
   10% en aprendizaje
   5% comparte (donación) tu experiencia.
   5%Prémiate.

Si te fijas en cualquier tipo de persona que sea creativa y viva de ello. Una bailarina, un cantante, un deportista, un actor... Son personas, que cuando interpretan lo que quieren lograr, pierden la conexión con el mundo.

Establecen la conexión con su SER más puro. Les invade la máxima concentración. Acceden a la parte espiritual. Esta les potencia para conseguir sus logros.

La energía vital sube y se sienten cada vez mejor. La práctica de su idea se vuelve más creativa.

Es como si se movieran con nada. Como si no pensaran. Se ve la tranquilidad que expresan y logran empatizar con las personas que están a su alrededor.

Su energía se concentra en un solo punto: en ellos mismos. Ofrecen lo mejor al resto: el espectador.

Parece como si todo surgiera de un mismo punto. Como si todo se moviera a la vez. Esta parte es cuando empiezas a fluir con la vida. Se dejan llevar por el flujo de energía.

No se sienten fuera de ese ambiente, se sienten dentro de él y fluyen con el sentimiento. Se dejan llevar por el momento presente. Fluyen con las circunstancias a favor.

Eso es lo que debemos conseguir...

"Tienes que trabajar los puntos que te hacen retroceder. Debes seguir un poco más.
Sentí como su mano acariciaba mi espalda de nuevo. La vibración era más intensa".

Aún te espero… Confía.
Yo estoy aquí.

Entonces, me desperté.

Querido Amor:

Había pasado bastante tiempo en el que estaba buscando un cambio. Todas las circunstancias habían cambiado en mi vida. Ya no era lo mismo que había experimentado hasta entonces. Yo también había cambiado.

Estaba empezando a entender, cuál era esa pequeña parte de mí que había logrado comunicarse con una parte interna. Una extraña sensación que fue apareciendo poco a poco. De repente, se había vuelto cada vez más presente.

Me había asustado. Y no sabía cómo integrarlo en mi mente. Las dudas estaban en mí a flor de piel. Deseaba huir de nuevo, aunque esta vez, ya no sería lo más apropiado.

Debía aceptar que había una parte de mí que había cambiado por una necesidad. Me daba la confianza absoluta.

Recordé la última vez que estuve allí. Con aquel ser, todos ellos estaban unidos. Y sabía que me estaban esperando.

Sin embargo, ahora, en este momento, no era lo más apropiado. Había algo dentro de mí que me decía que debía esperar.

Aquella parte unida se había dividido en dos partes independientes. Dos partes que actuaban al unísono, en el que ambos buscaban lo mismo. Sin noción de la exactitud, pues, no dependía de ellos cómo reencontrarse.

Aléjate. Pensé.

Confía, susurró antes de alejarse.

FE

"Vive tu historia, para poder contarla".

Nos aferramos al pasado, sin darnos cuenta que estamos perdiendo la oportunidad de vivir el presente.

Creemos que el pasado debe permanecer, cuando en nuestros periodos, el pasado pasa a formar parte del aprendizaje.

Estaba sentada en el coche. Iba de camino al trabajo. Sentí esa vibración intensa. Llevé la mano a mi pecho e intenté ignorarla.

A veces, nos empeñamos en no escuchar cuando nuestro interior nos está gritando.

Respiré hondo. Habían pasado varios meses en los que, poco a poco, había empezado a adaptar nuevos conceptos.

Los sueños se habían vuelto más repetitivos. Aunque yo había marcado mi rumbo, prefería que este fuera lento.

Me centré en realizar mi trabajo. Y ese fin de semana, decidí ir al zoo con mi prima y sus hijos. Empezamos a hacer el recorrido.

Sentí como mi piel se erizaba.

-Noto sensaciones raras- dije.

Mi prima me miró. Empecé a observar alrededor, para averiguar de dónde venían esas sensaciones.

Me fijé en los animales, me miraban fijamente. Se movían, y desde sus jaulas, empezaban a seguirme hasta donde podían.

Llegamos al tanque de los delfines. Empezaron a acercarse a los cristales. A saltar en la parte más alta del agua dentro de su tanque.

Me acerqué a las cristaleras. Uno de ellos se acercó a mí. Me miró fijamente. Acerqué mis manos al cristal. Me centré en sentirle más cerca. Ese delfín se aproximó a mí. Se puso a mi altura. Me observó y se quedó quieto mientras mis manos estaban junto al cristal. Él arrimaba su morrito.

En ese momento, fue cuando acepté que algo en mí estaba sucediendo. Mi prima me miró fijamente, emocionada. Los niños se acercaron a nosotros, observando la situación.

Entonces sentí cómo un flujo de energía penetraba a través de mí. Eran olas que hacían que mi piel se erizara. La vibración de mi pecho era intensa. Cada vez lo era más.

Entonces, empecé a aceptar que por algún motivo, algo diferente estaba surgiendo para mí. Sin embargo, a medida que empecé a estudiarlo, entendí, que esa parte la tenemos todos. Es lo que llamamos la **"voluntad de hacer"**, significa *"sentir lo que haces"*.

Unos días después, empecé a aceptar la voluntad de la vida, la conexión con lo más puro de nosotros mismos; Dios o como lo quieras llamar, puede coincidir con nosotros en un punto clave.

La señal se hace presente, mediante un sueño que se materializa, por una vibración en el pecho, como puede ser mi caso.

Empecé a aceptar que todos tenemos un deber en este mundo. Cuando lo aprendemos y lo cumplimos, nuestras creencias limitantes desaparecen. Damos pie a una nueva situación.

El Universo nos apoya. Para ayudar al prójimo.

La ayuda no se recibe desde la carencia, tampoco desde el sufrimiento o la compasión. La ayuda se establece cuando uno se conoce muy bien a sí mismo, cuando se sanan las debilidades y se las potencia como virtudes. Entonces, es cuando empiezas a enseñar a las demás personas.

El sueño más profundo que tenemos en nuestro interior. El sueño que siempre dejamos de hacer por miedo a no saber qué pasará.

Es la voluntad del Universo que nos brinda con su honor, para que le ayudemos a prosperar.

Es el anhelo que nuestra alma reconoce cuando se hace presente.

ACEPTAR LOS DEFECTOS

Tus partes débiles son el trampolín de tus logros.

TODOS tenemos partes ocultas que *no nos gustan.*

Aceptarlas es lo que nos hacen responsables de ellas. Si somos conscientes de lo que nos molesta, conseguiremos adaptar nuestras emociones a la situación.

Aprendemos qué parte debemos trabajar. Entendemos qué virtud potenciar.

Los defectos son miedos disfrazados de emoción.

Los defectos son periodos de aceptación propia. Los cuales debemos trabajar más.

Es la máscara que nos ayuda a protegernos por miedo a no ser aceptados, a no controlar la situación y perder la oportunidad.

Muchas veces, aparecen disfrazados por la envidia, que nos obliga a compararnos, a pensar que solo hay una persona en el mundo, que puede lograr lo que nosotros deseamos.

En esta ocasión, bloquea la energía positiva. No deja que la creatividad aparezca con fluidez. Nos obliga a estancarnos de nuevo.

Los defectos son las partes débiles de uno mismo. Debemos potenciarlas para obtener seguridad y convertirlas en virtudes.

Cada uno de los defectos que tenemos, se hace presente por una inseguridad. Nos mantiene alerta. La identificamos con lo que podemos o, no podemos lograr.

Nos comparamos. No nos sentimos aceptados, y por lo tanto, competimos con nuestra peor rivalidad. En este proceso, debemos ponernos un límite con nosotros mismos.

Vamos a diferenciarlos para identificarlos:

- Avaricia:
  Desequilibrada: nos impide estar contentos con lo que tenemos. Nos obliga a querer siempre más. No nos conformarnos. Nos volvemos injustos. **Equilibrada:** nos equilibra para dejar de juzgar y juzgarnos.

- Envidia:
  Desequilibrada: es frustración por dolor. La autoestima está baja.
  Equilibrada: Bien empleada, nos ayuda a darnos valor.

- Agresividad:
  Desequilibrada: nos obliga a estar en alerta todo el tiempo, nos obliga estar a la defensiva.
  Equilibrada:Si la aprendemos a utilizar, nos ayuda a negociar y diferenciar los diferentes aspectos.

- Crueldad:
  Desequilibrada: no nos deja empatizar con la persona externa.
  Equilibrada: Nos enseña a mantenernos firmes en nuestros conceptos.

- Venganza:
  Desequilibrada: viene acompañada del rencor. No poder perdonar.
  Equilibrada: Si la utilizamos a favor, nos permite reconocerla y olvidar las situaciones pasadas.

Ser conscientes que las competiciones no sirven para mucho. Por lo tanto, no duran mucho tiempo. Suelen acabar en ataques de pánico, que se potencian con el descontrol de la situación.

¿Recuerdas las leyes universales y el efecto péndulo?

Es importante que el péndulo no llegue a la otra punta de los extremos, porque obtenemos el efecto contrario de lo que estamos buscando.

Si decidimos competir y darnos más valor por miedo a perder nuestro deseo, lo que obtenemos es una saturación de éxito. Lo que hace que la situación no sea manejable.

A medida que vamos trabajando nuestras partes más oscuras, damos un nuevo concepto a nuestra vida. Una acción diferente nos dará consecuencias nuevas.

Esto lleva a trabajar la humildad con uno mismo. No competir con el entorno, sino contigo mismo para conseguir tu máximo rendimiento. Nos darnos cuenta cuáles son nuestras debilidades, para así, trabajarlas y convertirlas en virtudes.

CONVERTIR LOS DEFECTOS EN VIRTUDES

Permítete aceptar que puedes vencer tus creencias limitantes.

Los defectos es, el nombre que hemos dado a una actitud personal, que nos produce inseguridad.

La inseguridad viene provocada por el miedo.

Podemos llamarlo de muchas maneras, sin embargo, la única manera de enfrentarnos al miedo es aceptándolo. Siendo conscientes que este existe. Una vez aceptamos la parte que debemos trabajar, entonces empezamos a deshacernos de este, y nos enfrentamos a la situación.

Nos damos más valor porque los reconocemos como algo existente en nosotros mismos, y dejamos de ocultarlos. Los aceptamos. Empezamos a trabajarlos y dejamos de compararnos.

A veces, las personas observan los detalles externos para criticarlos. Cuando en realidad somos nosotros mismos que nos reconocemos con ese defecto. Si hay algo que resuena en ti, si lo reconoces como algo tuyo, es la parte que debes trabajar.

No es algo malo, es potenciar la parte más positiva para que desaparezca. Por eso llamamos a las personas *valientes*.

Un guerrero no huye cuando llega a la gran batalla. El verdadero guerrero es el que aguanta hasta el final, porque ha logrado dominar sus defectos. Los ha convertido en virtudes. El valiente es el que logra equilibrar sus emociones.

La seguridad llegará a ti.
Potenciarás tu creatividad.
Aceptarás que eres una persona perfecta y completa.
Y eso te potenciará a conseguir tus partes más dormidas.
Brillarás como una estrella.

Haz una lista de tus defectos y miedos. Averigua como convertirlas en virtudes.

Este ejercicio, te ayudará a ser consciente de tu miedo. Cuando lo aceptes, aprenderás a controlarlo y desaparecerá. Venga hazlo.

¿Lo tienes? Sigamos pues...

RECUPERAR LA FE DESPUÉS DE LA PÉRDIDA

Hay una parte que nos informa, en el manual de instrucciones que traemos debajo del brazo. Acepta lo bueno que te enseñaron. Anótalo en tu manual.

Al despojarnos de todas las partes oscuras de nosotros mismos, nos encontramos con un mar de lágrimas y dudas, en los que no sabemos cómo salir.

Estoy hablando en plural, sin embargo, eso me pasó a mí.

Tuve la suerte... o, mejor dicho, la *causa y el efecto* de convivir con una familia, que a pesar de estar siempre con nosotros, me sentía separada.

Esto es un arma de doble filo. Por un lado, el dolor te impulsa a llegar a los límites más insospechados. Y por otro, al creer que no perteneces a la vida de alguien. Te obliga a buscarte la vida tú solo.

Puede ayudarte a conseguir tus logros y tus metas. Esa fuerza que proviene de la rabia del dolor de la frustración, es lo que te hace conseguir tus objetivos.

Enfrentarte a tus creencias no dejas que te ayuden. Se vuelve muy doloroso.

Había pasado por una época oscura, en la que no tenía ni idea qué iba a pasar con mi vida. Lo peor de todo, no sabía quién era yo. Me había mecanizado, como puede hacerlo una máquina expendedora.

No te voy a negar que, cambiar las creencias arraigadas duele bastante. La nueva adaptación es dolorosa. Sobretodo, cuando te alejas de las personas que más quieres, en busca de otra oportunidad.

Hacía mucho tiempo que no veía a mi amigo Oscar Soto. Fue con el primer chico con el que soñé, y el día menos pensado, apareció en mi vida.

Su madre me contó que cuando era pequeño, era capaz de hacer conjunciones astrales. Deseaba ser astrólogo.

Con los años, empezó a estudiar para ello. Hace años, un día quedamos. Me hizo mi carta astral. Nunca me la habían hecho anteriormente. El estaba empezando.

-He soñado contigo- le dije- cuando no te conocía... Apareciste en mi vida.

Me miró.

-A veces coincidimos con Almas de vidas pasadas...- me dijo- No dudo que todas las cosas que sueñas, se pronunciarán cada vez más. Tienes una carta astral que me ayuda a recordarte. Es particular... Poco a poco, te volverás más espiritual... Ayudarás a personas.
-Me veo maquillando toda mi vida...

Oscar se río.

Pasaron varios años. Y de repente, volví a soñar con Oscar. Así que años después, le llamé por teléfono.

-Mis sueños van a más. Se cumplen. ¿Podemos vernos?- pregunté.

-Si, claro... No estaré mucho tiempo en España. Puedo hacerte un hueco esta tarde, si te viene bien.

Cuando quedamos, le conté todo lo que estaba pasando. Mis sueños se cumplían y llevaba más de un año siguiendo señales que no sabía dónde me iban a llevar. Sin embargo, debía seguirlas.

"Cuando el Universo se pone en contacto contigo, debes obedecerle. Es cuando Dios te ha elegido..."

Era la primera vez que teníamos una conversación, en la que realmente nos entendíamos.

Anteriormente, había partes que se me escapaban. Sin embargo, esa vez, todo había cambiado. Me hablaba de astros, de energías, de leyes universales y sanación cuántica. Entendía todo lo que me quería decir.

Antes de despedirnos, me abrazó, y me dijo:

-Debes aceptarlo. Yo también tuve que aceptar muchas cosas. No hay nada malo en ello. Al contrario, todo juega a favor... Si les dejas, ellos te enseñan el camino que debes seguir. Tú eliges si seguir o quedarte como estás. Te llamo cuando vuelva...

Las conexiones se vuelven diferentes. El tiempo deja de existir. La conexión no se pierde. Un "te llamo cuando vuelva", se convierte en nos veremos años después.

Dejas de esperar. Decides que el tiempo no pasa..., simplemente, cuando te vuelves a encontrar, sabes que todo seguirá igual que antes.

Cuando dos almas se reconocen, lo hacen para siempre.

Con el tiempo, me di cuenta que fue la primera conexión espiritual que tuve. Después surgieron muchas más.

Entonces aprendí que todas las personas aparecen en nuestra vida con un motivo. Ayudarnos a avanzar para nosotros mismos.

Oscar me enseñó que *"hay personas aparecen con su luz en tu vida"*. Te abrazan, juntan todos los huesos que estuvieron rotos.

Desaparecen todas las heridas emocionales, y secan las lágrimas que tu alma lloraba. Te convierten en una persona más fuerte, más valiente. Te ayudan a separar el final y te salvan para comenzar de nuevo.

Una nueva energía penetra en tu ser más profundo. La tormenta interna aún suena. Sientes cómo el pasado desaparece cuando el viento sopla. La lluvia limpia todo aquello que ya no necesitas. Entonces, la tormenta cesa. Cuando abres los ojos de nuevo, aparece un día radiante y soleado.

Vuelves a despertar. Todo se ve diferente.
Has cambiado, y contigo, tu entorno también lo ha hecho. Ya no eres la misma persona.

Has decidido seleccionar las experiencias nuevas. Tus resultados se vuelven diferentes. La tranquilidad envuelve a tu ser. Es cómoda la sensación. Es gratificante.

Los cambios habían sido cada vez más frecuentes. Sentía la sensación de ya no pertenecer a una etapa, sin haber concretado una etapa nueva.

Aunque había algo dentro de mí que me ayudaba a recuperar, cada vez más, la confianza de lo que estaba sucediendo. Había una parte interna que me hacía dudar una y otra vez.

El miedo era intenso. Sin embargo, sabía que detrás de ese miedo, había algo que nos protege. Siempre está cerca en el momento exacto que lo necesitamos.

Fui a caminar por zonas verdes. Me ayudaban a recuperar la sensación de ser. A estar en ese momento presente.

El día soleado hacía que me sintiera cómoda y estable. La primavera comenzaba, dando lugar a las primeras flores. El canto de los pájaros me acompañaban junto al sonido del río. El agua fluía sin cesar.

Unos cuantos conejos corrían cerca de mí. El conejo significa tiempo, pensé. ¿Tiempo para qué?

Recordé aquellos seres. Sentí el roce de una mano en mi espalda, a la altura de mi pecho. Erizó mi piel. Entonces vino una imagen. Había una parte que no estaba completa. Había alguien que había interferido. La vibración en mi pecho empezó a hacerse más intensa.

Habían pasado muchos meses en los que no había tenido esa sensación. Lo que anteriormente había sido extraña, en este momento resultaba familiar. Recordé la conversación con Oscar.

La sensación se volvía cada vez más intensa. Sentía que él había vuelto. Estaba justo a mi lado. Sentía su vibración. Su mano estaba rozando mi espalda. Su energía rozaba mi Alma.

Respiré hondo. La sensación era estar unidos de nuevo, sin estarlo. Una especie de unión independiente, aunque sepas que siempre estás con él.

Es algo que no puedes negar. Si lo niegas, niegas los beneficios que el Universo te ofrece. Si el Universo está de tu lado, significa que es tu compañero. Tu socio laboral y debes atenderle.

Cerré los ojos y me conecté de nuevo a él.

S: ¿Vas a tomártelo de esta manera? Entiendo que tengas dudas… Pero nos alejan, y de esto dependemos los dos.
Y: Tú estás haciendo tu parte y yo la mía.
S: Lo sé. Lo estás haciendo muy bien. Confío al cien por ciento que así lo harás. No es por mí, es porque hay más gente esperando a que tú aceptes. Tienes que confiar. Tienen dudas por lo que pasó la otra vez…
Y: No va a pasar lo que pasó anteriormente. Me estoy preparando para que no pase…
S: Lo sé. Yo confío, no tengo ninguna duda, pero debo decirte que es lo que está sucediendo… entiendo que esta parte es algo más difícil.

Y: Debo tomarme mi tiempo. Quizá tarde más tiempo de la cuenta.
Sentí su carcajada.
S: Sé el tiempo que vas a tardar. Para mí no es mucho. Para ti, que estás en forma material, es más- vaciló.
Sonreí.
Y: Debes irte. Hay personas que te están esperando…

Sentí como se alejaba. Paré la conexión. Observé de nuevo todo mi alrededor. El tiempo apenas había pasado. Respiré hondo. Me levanté de donde estaba sentada.

Algo aturdida, mi alma dentro de mí, entendía que debía atender a las palabras que me estaban diciendo. Eran las palabras que me guiaban hacía algún sitio aún mejor. Aunque aún no estaba descifrado.

Me desperté.

Ese mismo día, antes de dormirme por la noche, decidí volver a estar receptiva. Había una parte a la que me tenía que enfrentar. Sin saber qué era exactamente, sabía cuál era mi confusión.

VOLVER A AMAR

Si sanas tus heridas emocionales, tu alma ama.

¿Cómo fueron las circunstancias de tu vida?

Muchas veces, pasamos temporadas en las que la vida parece que no avanza. Estamos siempre en lo mismo, sin saber qué es lo que nos falta.

La energía va cambiando a medida que vamos trabajando nuestros puntos más débiles. Estos empiezan a potenciarse, y finalmente, tenemos seguridad en nuestros actos.

Había experimentado muchos procesos evolutivos. Todos, y cada uno de ellos, eran diferentes.

Este había sido extremadamente beneficioso. Me había dado cuenta que la sensación que tenía era de tranquilidad absoluta. Estaba más en contacto con mi Alma y la escuchaba cuando esta me hablaba.

Sentía la vibración de estar cerca, cada vez más unida a una especie de Fuente Divina, que ayuda a las personas a superar su evolución.

Al llegar a este punto, ves el mundo de otro modo. Diferente de cómo lo viste hasta entonces.

El mundo se vuelve tranquilo, es bonito. Empiezas a entender el mecanismo mental de las personas. Entiendes cómo funciona el sistema de emociones. Te das cuenta que mediante el diálogo. La comprensión y la conducta, podemos llegar a conseguir lo que nunca hubiéramos pensado.

Una sensación diferente recorre todo tu cuerpo. Sientes el cambio evolutivo en ti mismo. Hay una parte que antes no entendías y ahora la entiendes. Las situaciones que antes pasaban por alto, ahora, empiezan a tener verdadera importancia.

Son conductas, que aplicadas una tras otra, te llevaron a unos resultados diferentes de los que estabas esperando. Posiblemente, incluso mejores. Esa sensación se profundiza cada vez más, aprendes a creer.

Entonces adaptas en tu vida, que creer no es ver la solución ante tus ojos. Creer es no ver lo que está pasando y tener la confianza absoluta que algo está sucediendo. A pesar que no lo vemos, sabemos con certeza que está sucediendo para nuestro bien y para nuestro propio beneficio.

Aprendes que amar, es la energía más pura y radiante del mundo. Mueve montañas y tumba muros convirtiéndoles en escombros de piedras rotas.

Tus problemas dejan de ser problemas, sino experiencias del pasado: ahora tienes la herramienta y el secreto de poder solucionarlos.

Aprendiste a derrotar todas las ideas que te impedían avanzar... Y ahora eres una persona segura, radiante. Única con un valor especial, con ganas de compartirlo con los demás...

¿Y por qué no? Enséñaselo a los demás. Ahora llevas la perspectiva cambiada; si tú pudiste, ellos también podrán.

Hay personas que deciden esperar de los demás, cuando *la gran gratificación viene de dar a los demás. Compartir es la clave del bienestar emocional. Sin embargo, no compartas de más.*

Luego, al final del libro, te revelaré un secreto.

EQUILIBRIO

Si aprendes, tu alma crece.

¿Te pasa a ti como a mí, que esos momentos de incertidumbre los olvidas?

Alguien me dijo una vez, "*es bueno que perdones, aunque no es tan bueno que olvides cuando te hirieron*".

Seguramente yo también herí. Superarlo es olvidarlo.

Hay cosas que aprendo y no repito. Otras veces, repito una y otra vez, hasta que aprendo.

La parte escondida que no nos contaron.

Todos pasamos por momentos de incertidumbre. Esos momentos que se nos eleva la creatividad hasta los límites más inexistentes. Se nos juntan varios quehaceres que demandan una concentración abismal.

Recuerdas que en *"Mandálula"* había una frase que decía...

"En los rodajes, en los momentos de caos, cada uno hace su trabajo".

En esos momentos, debes centrar tu atención en ti mismo. Recuerda que al atenderte a ti, estás equilibrando la situación tuya y la externa.

Acepta que hay momentos en los que el equilibrio se pierde, porque todos tenemos ciclos. El tiempo, los días soleados como los lluviosos, y nosotros. Todo pertenece a un periodo establecido.

Adapta tus ciclos y el tiempo que duran. Respétalos dedicándote a ti, a hacer lo que más necesites en cada momento. Date el máximo rendimiento a ti mismo para equilibrar la parte externa.

Por ejemplo:

a un nuevo trabajo tienes que dedicarle más horas.
Quieres formar una familia o ya tienes hijos, debes dedicarles más tiempo a atenderles.
Quieres tener mejor salud, tienes que dedicarle más tiempo a comer comida sana y hacer más deporte.
Sí que podemos tener más equilibrio, incluso en los momentos de desequilibrio.

Ordena las fechas exactas para cumplir tus objetivos. Habla con aquellas personas de tu entorno para comunicarles que necesitas tu tiempo y así ellas lo respetarán.

Si no te das prioridad a ti mismo y tus necesidades, tu espacio lo ocupará otra persona. Te sentirás obligado a responder por su demanda de atención.

Respeta tus tiempos en compartirlos con tus seres queridos, amigos o con tus pasatiempos, pero reestructura tu agenda para no olvidar tus objetivos.

Prioriza: mantén la concentración en conseguir tu sueño. No lo dejes de lado.

Poco a poco, irás adaptando tu sueño a tu estilo de vida. Los horarios de trabajo se convertirán en tus horarios de trabajo de vida.

Tu sueño será y se adaptará a tu vida. Tú trabajaste para crear lo que deseabas. Tu sueño lo creaste a tu gusto. ¡Lo lograste!

CONCENTRACIÓN

Tu desarrollo personal te ayuda a prestar más atención en conseguir tus objetivos.

Recuerdo cuando era una niña y me dijeron todas esas críticas. Obstaculizaron la confianza en mí. Empecé a encajar en una estructura ajena, a aquella que no me pertenecía.

¿Te ha pasado alguna vez, que has hecho lo posible por recibir la aprobación que tanto buscabas?

Hay una parte que nos aleja de nuestros objetivos. Pensar que ya sabemos todo. Dar por hecho que hemos conseguido todo.

Y mi pregunta es:

¿Estás viviendo tu sueño? Si no estás viviendo tu sueño, estás viviendo el sueño de otro… ¿No crees que es un poco egoísta?

Hace poco, recuerdo que estaba hablando con una compañera mía de la formación que ofrece Laín, para ayudar a las personas a sacar sus mejores potenciales.

Me contaba que a su hijo le habían diagnosticado TDAH, cuenta más cosas de su experiencia personal en su libro, que te recomiendo leer en algún momento. Se llama *"La niña invisible de Mar Casas Marín"*.

A mí me diagnosticaron TDA, y por eso, estuve frustrada mucho tiempo. Ella me decía: "Isabel, no te preocupes, hoy en día ponen etiquetas a todo el mundo".

Eso me tranquilizó. Me hizo darme cuenta que, gracias a las etiquetas que me pusieron en el pasado, hoy me encuentro aquí con mi experiencia vivida. Contándola en un montón de libros.

Creo que cuando algo es realmente para ti, no hay dudas. Esta es mi experiencia. Y deseo contarla con tanta intensidad, que las ganas me empujan a creer en ello.

Cuando pasas todas las dudas, desaparece el miedo. Aparecen procesos de adaptación nuevos. Poco a poco, empiezas a gestionar estos periodos para ti.

Aprendes a valorarlos porque sabes que con ese valor, tú aportarás valor a los demás.

Sabes que funciona porque lo experimentaste tú mismo.

¿Quién me iba a decir a mí, que llegaría a escribir un libro y publicarlo, si nadie creyó en mí en su día?

Amigos míos se burlaron de mí. No me apoyaron. Tuve que aceptar que fui yo quién cambió; y con ese cambio, mi entorno también lo hizo.

Durante mucho tiempo tuve que sanarme yo misma. Tuve que pasar por muchas terapias para romper los patrones de mis creencias. Tuve que desaprender todo lo que sabía. Sustituirlo por nuevos aprendizajes, nuevas ilusiones.

Cuando cambias completamente una creencia, empiezas a integrar creencias nuevas. Tu vida pasada tiene que desaparecer.

Entonces, nace tu presente. Hace que crezca tu futuro. Debes dejar tu pasado atrás. Crear una creencia nueva, donde nacerán y crecerán tus pensamientos nuevos. Esos que abrirán un nuevo camino en nuestras vidas.

¿Sabes que las despedidas duelen?

Tuve que experimentar las crisis de sanación que aparecían con nuevas incorporaciones en la mente.

Tuve que aceptar el sistema de creencias limitantes. Borrarlo y adaptarlo para sustituirlo por nuevos conocimientos y nuevos hábitos.

Alejarme de todas las personas que quería, con el fin de encontrar mi propia estabilidad. Con todo ello, perdonarme a mí misma y perdonar al entorno.

Aceptar quienes seguirán en tu vida y quienes se irán. Destruir una vida pasada. Prepararte para una vida nueva.

Aceptar que, muchas veces, no vas a saber qué va a pasar. Debes tener la suficiente perseverancia que te ayu-

de a creer en ti. Esa perseverancia te dará la fe para seguir. Y la fuerza te ayudará a reafirmarte cada día para conseguirlo.

Dejarás de pasar tiempo con las personas que pierden el tiempo. Este se volverá valioso. Priorizarás en ti y en tus objetivos.

Puede que en esta parte, te dirán que tienes la cabeza loca. Te preguntarán el motivo por el que haces cosas diferentes. Se lo contarás y no te apoyarán. Dirán que has cambiado y que te preferían como eras antes (cuando eras totalmente dependiente del entorno).

Ahora las cosas han cambiado. Ya no les gusta tanto. Puede que tengas más "suerte" que ellos: digo *suerte*, porque aquellos que se quedan atrás, siguen esperando a que su "suerte" llegue. Por eso siguen así, esperando.

Cuando las personas de tu alrededor vean que avanzas progresivamente, te lo tomas en serio, entonces, empezarán a acercarse. Solo para ver que estás haciendo.

Esa es la idea del entorno. Sin embargo, si has aprendido a ver donde otros no ven, habrás entendido que todos formamos parte de un todo. Y sí. Les puedes ayudar de manera material, puedes darles dinero. Puedes abrazarles y compartir amor con un beso. Pero se les escapa la parte que no ven.

La parte que desconocen y que tú has aprendido a manejar con estos libros. Entiendes la vibración. Sabes cómo esta cambia porque la has experimentado.

La humildad de aceptar que uno mismo también se equivoca, es lo que pone <u>a todos</u> en su sitio.

Esa vibración no depende de las ayudas que quieras recoger del entorno. Depende de tus pensamientos, y ante esos, no puedes engañarte.

El universo responde a la vibración que tu emites cuando deseas algo. Si lo deseas desde el amor incondicional, responderá a tus órdenes.

Si deseas desde el odio y el rencor, también responderá a tus órdenes. Recoges lo que cosechas.

Tú, yo, el vecino de al lado; todos respondemos a nuestra propia vida. Esta responde a la materialización de nuestros pensamientos.

Ahora las preguntas son:

¿Realmente has hecho todo bien? ¿Todo, todo, todo? ¿No te sientes culpable por nada?

Esto no va por ti, va por tus creencias limitantes. Tu mente las tiene integradas como propias.

Cuando yo acepté las mías, me di cuenta que no había hecho todo bien. Y mucho menos, todo, todo, todo. Me sentía súper culpable. Así que tuve que perdonarme a mí misma. Entonces, perdoné al resto.

Aun así, van a aparecer algunos patrones. Lo que antes era una lucha interna, poco a poco, será menos duradera hasta que llegue el momento que sea de vez en cuando. Finalmente, reconoces los pensamientos negativos, y directamente, presionas el botón de:

CANCELAR.

Esos pensamientos desaparecerán.

Es por eso, por lo que es tan importante ser conscientes de lo que pensamos. Puedes engañar, te puedes mentir todo lo que quieras, pero si lo haces, no estás siendo justo contigo mismo. El universo capta la vibración y con ella te envía más de lo que tu vibras.

Y eso, solo se consigue haciendo actos de corazón. Con amor, desde la humildad. Es fe. Se consigue cuando tú eres fiel a ti mismo y no te engañas.

Me costó muchísimo trabajo entender esto. Y aún así, me equivoco. La práctica es diaria, y a veces nos equivocamos.

Entra en el proceso evolutivo. Tropezar para levantarte con más fuerza y volver a caminar. El desarrollo es entender cómo gestionas la parte de volverte a levantar, o si prefieres quedarte en el suelo como estás.

Estoy eternamente agradecida que hayas llegado hasta aquí. Debo decirte que es un gran honor. Te admiro. Te aplaudo por ello. Sin embargo, no puedo obligarte a que sigas leyendo. Solo puedo tener fe en que lo harás, si TÚ QUIERES.

Después de contarte lo que pocos cuentan, ahora es tu elección; cerrar el libro o seguir leyendo.

¿Recuerdas lo que te conté que me dijo aquel bailarín…?

"Yo sigo ensayando aunque el plató esté cerrado. ¿Te importa si canto también?"

En este caso, yo seguiré escribiendo. Te seguiré contando. Aún con el libro cerrado, mis palabras quedarán grabadas en un papel. Por si tú no lo lees, otros lo puedan leer.

Sin embargo, si sigues leyendo, te posicionarás como una de las personas más valientes del mundo.

Esas que aprenden a ver la alegría. Disfrutar de la ilusión, donde otros la perdieron, sin saber en el momento que ocurrió aquello...

¿Entonces, seguimos...?

¡Choque de puños VALIENTES!

Mándame un e-mail ahora mismo y con un:

"SÍ, ¡YO SIGO! CHOQUE DE PUÑOS VALIENTES".

¿Sabes cómo recuperé mi concentración?

Llevando a cabo un proceso de selección de conceptos.

Tuve que darme cuenta qué era lo que a mí, me gustaba hacer para darle el mayor rendimiento.

Siempre he sido muy creativa. Centrarme en eso es lo que me ayudaba a trabajar mi perseverancia.

Me gustaba mucho escribir. Intenté hacer un conjunto de aprendizaje para ayudar a las personas en su belleza natural. Para que entiendan que sus resultados vienen de su pensamiento.

¿Estuve mucho tiempo intentando averiguar cómo hacerlo...?

Nadie me apoyaba, o de eso, me encargué yo de creer. Hay un tiempo que debes aceptar que tú tienes que caminar sola hacia un nuevo lugar.

Otro rumbo diferente. Aunque cuando llevas mucho tiempo sanándote. Ves cambios en tu vida. Piensas soy una persona que ahora mismo estoy sola, así que *"puedo sola"*:

Este ultimo comentario: **te frena**.

En mi caso, era el dolor lo que no me permitía que yo me quitara el escudo protector.

¿Sabes que las avestruces esconden la cabeza para que no las veas? Creen que al no ver ellas, el resto no las ven… Pues lo mismo me pasaba a mí.

Gracias a Dios que, empezaron a aparecer esas personas que te dicen, poco a poco, que el escudo no sirve de nada.

Exactamente igual que la avestruz escondida.

Y por fin apareció Laín, que te contaré al final del libro la gran historia que cambió mi vida.

ENFOQUE

Deja que el alma te ayude a seleccionar su verdadero deseo. Tu mente responderá a este.

Si te fijas, tanto las cámaras de grabación. O, en las cámaras de fotografía enfocan el objetivo que quieren priorizar.

En un anuncio de patatas fritas, por ejemplo, dan máxima prioridad a la patata frita que van a enfocar.

El enfoque es lo que hace que tu atención se mantenga en un punto exacto. Al mantener ese punto exacto durante mucho tiempo, creas una visión. Todo ello, hace que tu energía vaya directa a ese punto observado. La idea es motivarte para que vayas a comprar una bolsa de patatas, porque ya estas salivando.

Exactamente lo mismo pasa con la mente cuando tiene una visión directa. Tener una visión a largo plazo para conseguir tus resultados. No importa lo que pase en el lado externo. El enfoque es más importante que la parte externa. Es tener la certeza de llegar a conseguir tus metas:

- *Motívate con lecturas que te den ideas.* Te ayudará a tener más ideas y cambiarás tu estado emocional. Esta actitud te ayudará a elevar tu energía.
- *Elimina las distracciones que pueda haber en tu entorno.* Busca tus propios espacios de tiempo y sitios para mantener el enfoque aún más centrado.
- *Ponte fechas límite y cúmplelas.* Ten la sensación, que si nos las cumples, no llegarás a tus resultados a largo plazo. Comparte esas fechas con personas que te apoyen. Es una forma de exigirte más atención en la organización de tus tiempos.
- *Observa imágenes de personas que estén logrando sus sueños.* Te aportarán creatividad y entusiasmo para lograr los tuyos.
- *Si es un sueño muy grande, busca un mentor con resultados.* Sigue sus normas. No pierdas la fe. La persona que tú elijas, se comportará como un compañero. Te ayudará a cumplir tus deseos. Si esa persona lo logró, estará deseando compartirlos contigo.
- *Confía en que tú también lo lograrás.* Sin embargo, tú tienes que confiar en ti, y en sus aprendizajes. Son lo que te ayudarán a dar el salto que necesitas, desde el lugar que estuviste hacia donde vas a estar.

Ahora bien, vamos a ir a una parte muy interesante. Sigamos en las siguientes hojas.

-Ella va a conseguirlo- dijo él.
-Podrían volver a pasar décadas…, siglos… - dijo otro ser.

Observé cómo mi cuerpo estaba tumbado en una especie de lecho. La cama era grande. Los rayos de sol entraban por las ventanas.

Su energía rozaba mi cuerpo. Su mano cogía la mía. Entré por un túnel. Era blanco y las paredes eran grises. Iba a una gran velocidad.

E: Debo ir con ella… Tengo que acompañarla. Oí a lo lejos.
S: Si confías tanto, ¿por qué no la dejas sola…? Ella te lo pidió.
E: Amor incondicional…- sonrió.
S: Entiendo.
E: Ayúdame a ver las imágenes de dónde está. Quizás necesite alguna clase más de información, si no tiene claro dónde va, el destino será aleatorio. Entonces dudará de la experiencia. Retrocederá.
S: ¿Sabes qué es lo que tiene que sanar ella?
E: Sí, claro… Una vida pasada. Tiene que alinear el karma para sanar mi lazo de unión. Ella aún no lo ha aceptado. Tiene miedo.
S: Hace tiempo tuve que alinear yo el Karma. Fue muy doloroso. Es una separación que en algún momento formó parte de tu vida. En ese proceso no podéis estar juntos, sin embargo, sabes que hay una parte que te pertenece. Esa que debes romper para evolucionar…
E: Entiendo. Alguien interfirió en nuestro proceso evolutivo. Tiene que lograr sanar esa parte de unión conmigo. Si no lo hace, yo no podré aparecer en su vida.
S: Exacto. Tiene que ser fuerte…
E: Lo es.

S: ¿Cómo puedes saberlo?
E: Amor. Confianza... Sé que lo hará. Lo aceptará. Después debe contarlo. El karma se sana cuando lo aceptas y no te sientes culpable al contarlo...
S: Sí, yo estuve en la misma situación que está ella ahora. Pero no supe qué sintió mi compañera cuando yo lo sanaba. Creo que sintió algo parecido. Veamos las coordenadas de dónde se encuentra ella ahora... Aquí están: 1825... Ahí está... Ahora solamente tiene que aceptarlo... Ahí la tienes...

Segundos antes de adaptarme donde estaba, sentí la conversación entre ellos. Sabía que debía estar sola. Paré la conexión.

Aparecí sentada en un coche de caballos. Llevaba un vestido blanco de la época. Al bajar, un señor me esperaba para ayudarme.

Su cara y su gesto me parecían familiares. Fruncí el ceño. Subimos a una casa situada justo en frente. Había un niño conmigo que me cogía la mano.

-¿Quién eres?- pregunté al señor que me acompañaba.
-William CB. Soy tu marido.
Y: ¿Qué hacemos?
W: Somos escritores. Estamos estudiando unos escritos. Creencias nuevas...

Me acerqué a una mesa de madera, en la que había libros antiguos. Papeles por todas partes. Varias plumas manchadas de tinta negra.

Y: ¿Quién escribe estos textos?
W: Nosotros.
Y: ¿Qué hacía yo antes?

W: Pertenecíamos a un grupo de escritores. Tú eras mujer. No podías firmar tus libros, aunque sí escribirlos.
Y: ¿Tú firmabas por mí? No me ayudaste… Al contrario: interferiste. ¿Quién era la otra persona?
W: No tengo ningún contacto con él. Creo que falleció hace tiempo.

Empezó un dolor en mi pecho.

-¿Dónde están los libros?- Avancé hasta el escritorio. El dolor era cada vez más intenso. Vi el nombre. Hice por recordarlo. Sabía que era el último esfuerzo.

El dolor de mi pecho era cada vez más intenso. El tiempo empezó a avanzar rápidamente. Finalmente, estaba en una cama. Enferma. Y experimenté mi muerte en esa vida. Sentí cómo mi cuerpo se desunía de mi alma. Podía sentir la misma desunión con William, con quién estuve casada en esa época. Vi como el lazo de unión se rompía. Acompañado del dolor, y al mismo tiempo, mi liberación. En ese momento el dolor cesó.

Cambió por una unión diferente. Se hacía una conexión más intensa con otro ser. Aunque en este momento, estuviera experimentando el mismo dolor que yo. No le veía pero sabía que en algún lugar me estaba esperando.

Lo último que vi fue a William sentado en una silla, llorando mi despedida. Sabía que no nos volveríamos a ver.

Partí. Cientos de seres esperaban mi regreso. Me saludaron. Cientos de seres me daban la mano. Sentía el fluir de su energía. Intenté buscar la conexión con él. El silencio se hacía presente. Él todavía no había vuelto. Sin embargo, le sentía más presente que nunca.

Sentí cómo entraba de nuevo en mi cuerpo. Fue un segundo de espasmo.

Entonces, me desperté.

Fui al ordenador. Aún recordaba el nombre. Lo busqué en internet. Ese nombre existía. Fue un escritor. Vivió en Massachusetts. Y su última época de vida lo hizo en New York, EE.UU. Los libros existen.

A medida que avances por la lectura de estas páginas, te concretaré esta parte.

FASE 3

PROPÓSITO

Querido amor:

Para mí hay tres verdades universales:
Primera:

                              LA MAGIA EXISTE.

EL OBJETIVO PERSONAL

En las cámaras, el objetivo es lo que adapta la concentración de luz de la imagen que queremos ver. El objetivo da claridad a la imagen que se quiere conseguir.

Entonces bien, esta parte si la llevamos al ámbito personal; el objetivo de la vida,

¿cuál es? ¿Y la base de este?

Tu problema, que se repite tanto tiempo. El que te impide seguir hacia adelante. Te has perdonado, has aprendido a perdonar. Sientes el deseo de seguir hacia delante. Aunque hay una resistencia que te lo impide.

Esa resistencia es la base donde tienes tu cadena atada y no te permite ir al objetivo de la vida.

Piensas que si te desatas, perderás la base. ¿Qué me dices de esas bases rotas, destruidas por el tiempo pasado…?

Las bases pueden arreglarse. Se pueden construir mejor para que duren más tiempo y que no se rompan, ya que la construcción puede mejorar.

Alguien me dijo una vez:

"Si eres capaz de perdonar, tienes el perdón del Universo."

¿Has sentido alguna vez, la sensación de vivir la vida de otra persona?

Hay vidas que por las circunstancias se mezclan.

Muchas veces, los padres deciden actuar como hijos. O, como amigos de sus hijos…; cuando en realidad, los padres tienen un papel. Los hijos, tienen otro diferente. Y los amigos, otro distinto también.

¿Recuerdas lo que te dije anteriormente *"cuando hay caos en un rodaje, cada uno hace su trabajo?* Finalmente, todo vuelve a la normalidad.

Un padre quiere lo mejor para sus hijos. El Universo así lo desea también.

Un padre intenta proteger, siempre desde su punto más honesto, aunque eso no quiere decir que, ese punto de vista sea el mismo que el de su hijo.

Los hijos, tienen sus propios amigos. Aunque deben tener confianza en los padres, para ayudarse en los procesos más duros.

Sin embargo, no sé si a ti te pasará como me pasaba a mí…

¿A veces, tienes la idea tan clara que la culpa no es propia, sino de otro?

Parece que a veces, es más fácil descargar la culpa sobre alguien que no la tiene. Desentenderse del resto del problema.

Dicen que a quién más unido estás en la infancia, será con quién más problemas tengas en la adolescencia, más perdón en la madurez y más amor en la vejez.

Si te fijas, volvemos a pasar por ciclos.

En la infancia te marca:

1. Quién fue para ti tu admiración.
2. Te ofrece el aprendizaje, entonces, tienes que valorar que fue lo que esta persona te aportó.
3. Valorar los aprendizajes que te ayudan y los que no te aportan, descartarlos.
4. La aceptación, es perdonar aquello que te dolió.
5. El amor en la vejez es cuando aceptas que esa persona a la que tanto admiras, es una persona como tú. Que ha aguantado lo mismo que tú para soportarte.
6. Entonces, su trabajo le ha costado. El mismo que el tuyo.

Si perdonas, iluminarás la relación. Marcarás la diferencia de las partes más oscuras del dolor. Se potenciará la parte, que tú adquieras como aprendizaje.

Trabajar lo que más te dolió, significa dar amor en una zona herida. Mimarte el alma. Con ello, a las personas involucradas.

Esto ayuda mucho. Nos percatamos que hemos sido egoístas. Al ser conscientes. Dejamos de serlo. Lo modificamos en nosotros mismos, de forma equilibrada, damos y recibimos de forma incondicional.

Al sanarte tu, sanas a los demás. Dejas a un lado el ego. Aprendes a perdonar.

Y yo ahora te pregunto de nuevo…

¿Realmente has hecho todo, todo, todo TAN BIEN, como para no tener ninguna clase de culpa?

¿Siempre has respondido de la manera más correcta para que todo saliera bien…?

Estas preguntas requieren de mucha sinceridad y honestidad, de la que hablamos desde el primer libro.

Esta parte no me corresponde a mí, te corresponde a ti. Saber si estás siendo sincero contigo mismo.

¿Realmente has hecho todo bien?

Aceptar esta parte, es aceptar los miedos.

Entiendes, que todas las personas tienen miedos y todo es protección.

Entender que las partes que no mostramos, es porque nos dolieron en el pasado. Y nos volvemos herméticos ante estas. Aunque aceptarlas, es curarte tú y curar al prójimo.

Ahora dime la verdad…

Da igual la persona: el padre, la madre, el hermano o el hijo. Tu pareja…, aunque tras mí experiencia, las parejas son los reflejos de las ideas inculcadas de la infancia.

Entonces, debes trabajar la relación que tuviste en la infancia. ¿con quién pasaste más tiempo? Esas ideas que tienes respecto a tu pareja.

¿Te has fijado alguna vez, que los novios responden como padres? y ¿las novias como madres de sus parejas?

En cualquier tipo de relación, no puedes responsabilizar a la otra persona de lo que no tuviste cuando eras pequeño.

Por eso es tan importante cerrar los ciclos. Conocerte a ti mismo, para aportar lo mejor de ti.

Y cuando esa persona te llame, ser capaz de reconocer la sinceridad de lo que te pasa, por el motivo que te pasa.

Está claro que es un trabajo de dos. Tener la perspectiva de unión hacia algo en común.

Dar el espacio que la otra persona decida, si quiere estar. O por el contrario, no es así. Es que a veces, hay que aceptar que las personas están para acompañarte, no para salvarte. Se salva uno mismo… Y si no quieres salvarte, lo mejor es como salvar a los demás:

¿Cómo lo harías tú poniéndote en su lugar? Respondiendo como si fueras la otra persona, con su nombre y apellidos.

Entonces, te das cuenta que lo hacen lo mejor que saben y que pueden. No has venido a cambiar la vida de las personas que no quieren, pero sí puedes inspirarles cambiando tú. Cambia tu vida, para que ellos vean que tú sí puedes. Algunos de ellos, lo intentarán.

Si das prioridad a lo que no es importante. El ego no se deja dominar. Te dirá que tú eres más que el resto. O que, lo haces mejor, no necesitas aprender. Ya lo sabes todo por lo que tienes.

El ego se silencia con la humildad. Reconocer que una persona que no esperabas, hará por ti lo que nadie hizo anteriormente. Confió en ti sin ningún motivo.

Eso es el *amor incondicional.*

¿Sabes lo que significa eso?

Es decir, me conozco y sé el daño que puedo hacer. Hablar de todo lo que no aguantas de ti.

Y después decir:

¿Crees que podríamos intentarlo?

Si realmente la persona que elijas, decide quedarse, es porque te expondrá toda su baraja de cartas sobre la mesa. Será una persona sincera desde el primer momento. No habrá dramas.

Entonces comenzareis un motivo en conjunto; la aceptación del uno y del otro para evolucionar juntos hacia lo mejor que podéis aportar de vosotros mismos.

Lo que para ti es un horror, para otro es verdadero amor y viceversa. Esa es la parte que tienes que valorar:

¿Te compensa estar así? Sinceramente…

Vamos a las siguientes páginas.

EL AMOR ES EL OBJETIVO DE LA VIDA.

Es por el que nos frustramos cuando no conseguimos lo que deseamos.

La falta de amor es lo que nos hace sentirnos solos, culpables y vacíos. Se llama *desamor*.

EL AMOR es lo que nos da la energía vital. La forma natural del cuerpo. El amor es vida, es creatividad, es alegría, es entusiasmo. Es todo.

El amor es lo que da la fe en las épocas oscuras. Une las partes más compatibles para convertirnos en uno, aunque te sorprende aquellas partes que desconoces. Es lo que la unión se hace sincera. Hará de tus logros sus máximos resultados.

Una persona sana. Equilibrada, solo desea compartir amor. Porque es la energía más maravillosa existente.

El amor lo puede todo. El amor es el motivo del objetivo de enfoque. Para descubrirlo, debes tener un motivo por el que has leído estos libros. Lo has desarrollado. Has sacado tus conclusiones para llegar hasta ello.

Entonces recuerda:

"Si tienes el perdón de esa persona que tanto daño te hizo, tendrás el perdón del Universo".

Ahora sé lo que esta frase significa. Diseccionemos esta frase.

Si tienes el perdón: si notas que esa persona ha cambiado, es que tú le has perdonado.

Quiere decir: que si has perdonado, has hecho un trabajo interior *monumental.* Será reconocido por el Universo.

Te brindará por ello cuando sueltes las cargas.

O sea, cuando rompas la cadena que te ata con la base derruida. Entonces, dejarás ir la culpa. Te liberarás.

Ahora viene una parte un poco más intensa. Debes leerla con tranquilidad y reflexionando sobre todo lo que has leído hasta ahora.

NOTA: Si te notas algo aturdida, después de esta intensidad; si lo necesitas, descansa. En serio. Ve a dar una vuelta por un parque, reflexiona. Medita. Haz un mini descanso para seguir con este libro. No lo dejes de lado. Date un mini periodo si lo necesitas.

Tu motivo para perdonar. Te devolverá el amor. Es el motivo que te impulsa a conseguir tu objetivo.

¡Ahora viene lo mejor! ¡Vamos a desvelar tu objetivo!

El objetivo es tu motivo personal por el que estás en esta vida. Es cuando aceptas que tienes un cometido por el que viniste a este mundo.

Se convertirá en tu misión de vida. Puede ser que haya sido revelado, o naciste con él. Puede que ya lo encontraras y lo estés haciendo. Te felicito por ello.

También puede que seas de esas personas que no lo haya encontrado. O quizás, hiciste como yo; de algún modo lo supiste, pero lo negaste. Lo rechazaste por no sentirte juzgada por el entorno. Sin embargo, el vacío cada vez era más doloroso, y peor aún, intentaste encajar para sentirte aprobada.

Con el tiempo te darás cuenta si estás en tu objetivo o no lo estás. Una persona que tiene claro qué es lo que quiere, inspira seguridad. Transmite tranquilidad. Ayuda a los demás. Falta tiempo por ayudar al resto. Si eres de esas personas, y más de una vez te hayan preguntado, ¿cómo es que se te ocurrió hacer algo así?

Esas personas *únicas y brillantes*, hacen las cosas diferentes. Es por eso que estas personas sienten una seguridad inmensa. Al contrario de quienes les rodean, prefieren no acercarse. O quizás, te quiten tu protagonismo, solo porque no seas más que ellos y puedan justificar sus miedos. Es muy difícil que lleguen a enfrentarse a ellos.

Se conformarán con lo que ya tienen. Un trabajo regular que todo el mundo hace. Esperar a que les despidan o irse ellos mismos por aburrimiento. Ver la televisión durante horas y olvidar en que año se leyeron el último libro… Y si lo acabaron. Los fines de semana se dedicarán a hacer lo que hace el resto.

Ellos no lo hacen mal. Ellos también han venido a eso. Cuando lo aceptes, dejará de preocuparte que te entiendan. Tú tendrás claro lo que quieres lograr.

Puede que tú hayas pasado por ahí, o puede que tengas las cosas claras y sepas cuál es tu propósito de vida. Entonces, todo aquello quedará atrás porque tendrás un motivo para vivir. Un motivo para levantarte todas las mañanas. El cometido de vida que te hace tan feliz.

Es como una madre cuando tiene hijos. Se desvive por ellos. Sabe que es el amor incondicional. A ella le hace fuerte, incluso cuando no puede más. Sabe que tiene que sacar fuerzas para sacar adelante a sus hijos. Tiene fe y no duda que lo logrará.

La misión de vida es parecido. Es la fe que pones en algo que realmente deseas y no es un deseo material, es un deseo de ayudar. Te puede mucho más esa fuerza, que todo lo que debes apostar.

Entonces el objetivo de vida es encontrar el amor incondicional. Adaptarte a él te llevará a los resultados más exitosos. Has aceptado todo de la parte dolorosa, la has sanado y has aprendido de ella. Está armonizada.

Estás en ello… No te preocupes, aún estamos a tiempo. Una vez aprendas esto, será mucho más fácil.

¡Sigamos!

Querido Amor:

He descubierto la segunda verdad:

LOS SUEÑOS SE CUMPLEN.

TU COMETIDO

Una vez has aceptado todo esto, y tu pasado. Tu presente (donde estamos ahora) nos dirá cómo desarrollar tu futuro. ¡Me parece un planazo! ¿Y a ti?

En primer lugar, tu cometido es el castillo que has creado, con todas las piedras con las que te has tropezado. Lo mejor de todo, es que este no tiene muralla, aunque tiene seguridad.

Al igual que te puedo decir que **el objetivo de la vida es el amor, que te dará la fe de ver lo que no existe aún. El amor es la fuerza que te da el motivo de enfoque.**

Puedes tener auténtico amor hacía las relaciones, este amor, bien enfocado, te dará relaciones exitosas.

Puedes tener auténtico amor hacia el dinero. Esa energía bien enfocada te dará unos buenos ingresos.

Puedes tener auténtico amor hacia la salud, ese enfoque, te ayudará a llevar una dieta equilibrada que te mantendrá sano.

Puedes tener auténtico amor por los viajes de ocio, esa energía te dará la plenitud en cualquier sitio del mundo.

Puedes tener auténtico amor por los coches, esa energía bien enfocada, te dará coches de última gama.

Puedes tener auténtico amor por la belleza, esa energía bien enfocada, hará que cada día te levantes más bella.

Los objetivos pueden ser tantos, como amor quieras repartir entre ellos. El objetivo puede cambiar cada vez que tú quieras. Solo tienes que enfocar la energía en ello. No en todos a la vez, porque se dispersa. Si no, enfocar la energía durante un tiempo prudencial, con la máxima concentración, a cada uno de ellos.

Esto último que te voy a decir es importante. Puedes dedicar el amor hacia el espíritu, la energía bien enfocada, te ayudará a tener tu cometido.

Y en esto último no te puedo ayudar porque es muy personal. Quizás necesites revisar todo lo que has aprendido en la Saga Maribélula. Revisa todas tus notas. Es la solución a toda tu vida. Es muy importante, aunque no todos la tenemos igual.

Hay personas que vienen con ella para disfrutarla, en cambio, otras personas vienen con ella para enseñarla. Sin embargo, el mérito que tú pongas no será el mismo, aunque la sensación será igual de gratificante.

SUEÑALULA 143

Ahora bien, vamos a hacer una disección:

En *"Maribélula"* pudimos entender cómo destruir las creencias limitantes. Potenciar tu identidad.

En *"Mandálula"*, entendimos la importancia de tener clara la identidad propia para conseguir nuestro deseo como forma de vida. Y hasta aquí hemos construido la vida que deseamos. En esta parte, si ya lo tienes claro, escríbelo para reafirmarlo.

Si no lo tienes claro, escribe algo que se te diera muy bien desde pequeño. Un pasatiempo, un trabajo que deseaste y lo dejaste de lado. Un deseo no cumplido… Escribe algo, aunque sea pequeñito. Enfocar la energía, hace que los sueños crezcan.

¿Qué sabes hacer diferente al resto de personas que te rodean? Aunque sea algo pequeño.

Escríbelo: …………………

¿Sincronías que han sucedido en este proceso? Señales que te llevaron una y otra vez al mismo camino. Piénsalo bien, situaciones que se hayan repetido.

Escríbelas: ……………………..

¿Sueños reveladores, así como situaciones que hayan tenido que ver con tu cometido? Seguramente, haya habido una obsesión sana. Con esto me refiero a que no te restaba, si no que <u>te sumaba</u>.

Escríbelos: ……………………

¿Cómo reaccionó tu familia ante esto? ¿Se negaron?

Escríbelo: ………………….

¿Cómo reaccionó tu entorno?

Escríbelo: ....

¿Te llamas? ....

¿Tu objetivo? ....

¿Tu cometido? ....

(Aunque sea muy pequeñito, ¡crecerá!)

CONTRIBUYE EN EL MUNDO

Te comenté anteriormente, que había que ayudar a los demás: ¿Cómo?

Ahora vamos a ver cómo tu cometido puede contribuir en el mundo. Contribuir significa ayudar desinteresadamente. Puedes adaptarlas a tu cometido de vida, mediante un talento que tú elijas.

¿Cómo puedes ayudar a las personas a sentirse mejor con ellas mismas?

¿Qué les puedes aportar?

Hay varias formas de contribuir:

- Enseñanza por medio de lo que tú aprendiste.
- Sanación de las heridas emocionales y kármicas
- Inspiración para otros: dar energía a los demás para que consigan sus objetivos.
- Servir: desde nuestra capacidad especial
  - Cuerpo, como organización de la parte material.
  - Mente, mediante el intelecto.
  - Espiritualidad, por medio de un sexto sentido.

Todo ello, ayudando a los demás.

Todo lo que tú decidas aportar, será por lo que tú hayas aprendido en tu pasado, y porque sepas manejar la situación.

Analízalo y escríbelo en una hoja. Todas se pueden equilibrar las unas a las otras, y también puede haber varias.

Una vez tengas estas preguntas resueltas. Entonces tienes que averiguar las preguntas clave. Respóndelas en una hoja.

- ¿Cómo vas a utilizar tu cometido? (El motivo por el que crees que ti te funciona) Aprendizaje personal.
- ¿Qué herramienta vas a utilizar para ayudarles? (¿Qué has conseguido que puedas aportar?) Método personal.
- ¿Por qué crees que vas a ayudarles? (¿por qué mejorarán sus vidas?) Contribución.
- ¿Para que tipo de personas va dirigido? Grupo social.
- ¿Cuándo y cómo lo vas a tener todo preparado? RESULTADOS.

(Ponte fecha para un año).

Con toda tu experiencia, todo esto lo tienes que adaptar para ayudar a los demás.

¿Recuerdas que unas páginas más atrás vimos los horarios de quehaceres para un año, lo dividimos en meses, en semanas y en días?

Esa mismas tablas puedes utlizarlas para estructurar tus objetivos con las preguntas anteriores.

Debes desarrollar un plan que te llevará a los resultados y ser fiel a tu sueño.

Debes dejar un espacio entre las tablas para cumplir tu sueño.

Haz un resumen y un esquema para ser consciente de cómo conseguir tu sueño. Pasos a seguir, resultados obtenidos.

LA PRUEBA

Seguramente, al responder a esas preguntas, hayas tenido recuerdos y pensamientos. Unos te habrán ayudado a responder rápidamente, y otros, te hayan frenado temporalmente.

Las pruebas no suelen ser fáciles, ya lo sabes... Solo un poquito más complicadas, solo para que nos valoremos más.

Ahora bien:

- ¿Qué persona aparecía frecuentemente?
- ¿Has tenido relaciones parecidas a esta?
- ¿Tus padres y tu familia estuvo involucrada?
- ¿Cómo respondieron a tus decisiones?
- ¿Te apoyaron?

- ¿Hubo conflicto? ¿Con quién tuviste mayor conflicto? Escríbelo.
- Después escribe una carta de perdón. En esta debes aceptar lo que tú desearías que esa persona te transmita y lo que vas a transmitirle tú.

Cuando vas a contribuir en el mundo, debes contribuir primero en tu familia, y con las personas con las que hayas tenido mayor conflicto.

Acepta tu grado de responsabilidad. Perdónate y perdónales. Escríbeles una carta de perdón o contribuye con ellos.

En este paso, mi mayor conflicto era mi padre. Cuando hice este ejercicio, le mandé la foto de mi carta para que la leyera. Noté los cambios al instante.

Lo tienes que hacer de corazón para armonizar la situación. Responsabilizarte de la situación, no es ir en contra ti (tu persona), sino a favor, es una ayuda para ti (tu crecimiento personal espiritual). Sanarás el karma. Eso te convierte en una persona muy valiente.

Cuando termines este proceso, obtendrás claridad y conseguirás tomar decisiones rápidamente.

Enfoca tu vida para los próximos cinco o seis años. Lo tienes que enfocar en lo que sientes, no en lo que consigues.

¿Qué harías durante los próximos cinco años sin que te canses?

Ten claridad. La prueba es sanar las situaciones que te frenaron anteriormente. Ahora están sanadas.

Entonces tienes que derruir la muralla de piedras para construir el castillo, que no tiene murallas, pero sí tiene seguridad, la que tú empleaste para que no se caiga.

La seguridad es la que ofrece tu Alma. Ella es súper sincera. Dejarán de perjudicarte las opiniones externas, porque habrás sanado la situación. Armonizado la relación. Aportarás seguridad y ellos te apoyan. Ven los cambios en tus resultados.

PRUEBA FÍSICA MATERIAL

¿Cómo se consigue ganar una prueba? ¿En el colegio cómo sabían que te sabias la lección?

Mediante un examen en el que comprobaban si tus respuestas eran correctas.

¿Cómo eligen al personaje para que encaje con el guión de una película?

Mediante un casting en el que deciden qué actor se adapta mejor a la descripción del personaje.

¿Cómo saben cómo elegir al mejor cocinero para un restaurante? Por un excelente plato que le hace diferente.

¿Cómo saben cuál es el mejor deportista? El entrenador puede ser el mejor, aunque la prueba física la hace quién se presenta y su resultado físico. Con la ayuda del entrenador.

Siempre hay una prueba física que te da el resultado final.

En esta situación también la hay. ¿Cómo vas a obtenerlo y cuándo?

En este momento es cuando decides dar el máximo valor por el resultado.

La parte física es el aprendizaje y la parte material el precio para pagarlo.

Tienes que conseguir que el apoyo personal respete la parte material. Eso te ayudará a pagar el precio.

Puedes tener un millón de apoyos, te pueden enseñar miles de cosas, pero si no tienes el equilibrio físico, mental y espiritual; no hay resultados extraordinarios.

Si pagas el precio, tú obtienes tu seguridad. Cuanto más grande sea el precio a pagar, mayor será tu seguridad.

No es el precio en sí; esa es la parte material. Sin embargo, lo importante es el desarrollo personal que necesitas, para crecer tanto como tú deseas llegar a ser.

Es un deseo del alma, y cuando decides que vas a pagar el precio, con la máxima seguridad de tus objetivos, tendrás la solución de cómo pagarlo.

La gran prueba es:

¿Qué vas a dejar atrás?

¿Cuánto vas a pagar por conseguir tu deseo?

Eso es lo que te revelará tu futuro.

La inversión que haces por conseguir tu deseo.

Esa es la seguridad que ofrece el castillo.

Las creencias limitantes son las que marcan la diferencia. Cómo gestiones el miedo a lo que tú te enfrentes, marcará la diferencia.

Una vez estaba maquillando a una señora. Me contó que tuvo un infarto. Me dijo todo lo que vio antes de morir. Me habló de la luz y cuando estaba muy cerca, dijo:

"Yo no puedo morirme así. Mi hijo tiene que colocarse en un trabajo mejor y debo asistir a la boda. Se va ha casar con la mujer que tanto ama".

Y cuando volvió, estaban reanimándola en la ambulancia.

El motivo de tu existencia no puede dejarse sin acabar. Debes acabarlo. Tu corazón lo sabe tan bien, que volverá a latir para que tú consigas tu cometido. Tu propósito. Si tu alma vive, es porque sabe que lo vas a conseguir. Entonces, debes aprender a escucharla. Es súper sincera.

El latir de la vida romperá las piedras de la frontera de tu corazón. Accederás al castillo de tu Alma. Tu cuerpo es la seguridad con la que te transportas hacia tu deseo más bello.

PRUEBA FÍSICA ESPIRITUAL

Es la aceptación y el perdón de las personas que están a tu alrededor, y se compone de varios factores. Entiendo que esta parte es un poco más densa. Espero que estés descansado para leerla.

Aun así, te invito a que te relajes y sigas la lectura por las hojas de este libro. Ve despacio, presta atención.

Entiendo que tu mente te dirá varias veces "esto es imposible". Sin embargo, debes pensar que, al final del libro, están las soluciones más esperadas e inesperadas.

Me gusta mucho que estés viviendo esta experiencia tan bonita conmigo. Se vuelve muy gratificante para aquellos que la descubren. Es la parte que te ayuda a obtener los resultados en tu vida. Es el complemento que necesitas para tener fe absoluta, para entender tu objetivo personal y tu cometido de vida.

Es el resultado del motivo por el que has nacido, el porqué de todas tus experiencias, el significado de tu vida… Por fin vamos a descubrir tu propósito en esta vida.

Es algo tan bonito y gratificante que estés aquí… ¡No me canso de agradecer continuamente lo gratificada que me siento por ello!

¡Ahora vamos a pasar a otra parte muy significativa!

FASE 3:
SALTO CUÁNTICO

¡POR FIN!

Es el momento en el que sueltas toda tu carga, y dices: ¡ALELUYA! Ese ¡HURRA! Tan esperado.

El choque de manos que dice:

¡Vamos a por a ello!

Es cuando decides que has finalizado una etapa costosa, sí, aunque de gran significado para ti.

Piensa momentos que te hayan aportado el mayor grado de felicidad. Tu experiencia, la más gratificante del mundo. Puede haber varias.

Sacar la mejor nota en un examen. Acabar la carrera universitaria. Sacarte el carnet de conducir. Obtener el trabajo más esperado. Impactar a esa persona tan especial. Hacer un regalo con tu primer sueldo. Recibir una noticia, o un regalo que llevabas tiempo buscando.

Y… ¿Por qué no…? Permitirte la vida que siempre has deseado.

El ¡*por fin!*, es el resultado del porqué estás aquí leyendo junto a mí.

Tu y yo, hemos decidido caminar juntos hacia un nuevo destino.

¿Qué significa destino?

He descubierto que, cuando decimos destino, es un modo de quitarnos responsabilidad de nosotros mismos.

El destino lo marcamos nosotros. Sin embargo, existe esa pequeña parte que nos ayuda a seguir avanzando hacia nuestro cometido.

Esa parte que ayuda a favor del viento, para que naveguemos sin rumbo al destino del descubrimiento. Aprendemos a entender que la base de lo extraordinario, es lo que estuvo oculto durante tanto tiempo.

Entonces, llega ese **¡por fin!**, que tanto deseábamos. Es la unión de todo lo abstracto que se vuelve un estado teológico, que sucede en tu vida de la forma más inesperada.

Sin darte cuenta, todo gira hacia un camino que surge a tu favor. Las ilusiones se vuelven hechos. El amor aparece en todas partes. El resurgir toma sentido y el mérito es reconocido.

Tu talento se hace presente. Cada día eres una persona más segura, más grande y más alta. No de cuerpo, sino de algo más importante. Tu corazón se ensancha: Tu Alma ha crecido.

Tus ojos se abren desde lo más profundo de tu ser. El entorno ha cambiado. Incluso los colores de los árboles se ven más bonitos, más naturales, y los pájaros cantan a tu favor. Sabes que todo es unión y perteneces a esta.

Entiendes las señales que te manda la vida, la unión de los acontecimientos es lo que hace que tu Alma vuelva a vivir.

La sensación del pecho se potencia. La vibración, aunque ya no te asusta, es cada vez más intensa; entiendes el significado: prestar atención o seguir. Es tu decisión. Tu plenitud.

Tu motivo se hace presente y sabes con exactitud lo que va a pasar. Dicen que el universo va por delante de nosotros. El sabe cuál es resultado final de tus actos. Te mandará señales para que tú sepas si lo estás haciendo bien. Debes estar muy atenta.

Es algo muy personal. Muchas veces, cuando lo compartas, el resto de personas lo entenderán, o quizás no lo hagan. Solo tú sabrás el significado por tus resultados.

Entonces, bien, vamos a ver, qué es todo lo que hemos aprendido hasta aquí; es tu objetivo personal y tu cometido de vida.

Ahora tienes que encontrar una parte súper importante… Y también súper personal.

Estas leyes las aprendí con José Ramón Lobo, en su curso de Sicoenergética, que después pasó a llamarse Sanación de Psicoenergética. Nombra a Deepak Chopra, quién las desarrolló como las 7 Leyes espirituales del éxito.

Algo que nos hace pensar, amada persona que lees este libro.

¿Y si la base de todo es poder entender lo que significa extra-ordinario para volvernos seres extraordinarios?

Extraordinario significa entender algo fuera de lo normal. Quiere decir, algo sobre natural. Poder ver la parte abstracta que el resto de personas no ven.

¿Quizás sea la parte mágica de las cosas ordinarias?

Vamos a verlo:

1ª. Ley de la conciencia pura – Ley de la unidad

El conocimiento es nuestro yo verdadero y la pura esencia del espíritu como conciencia pura. Somos creación y potencialidad de la parte no material manifestada.

Quiere decir, que cuando somos conscientes de nuestro yo más puro y verdadero, encontramos nuestro potencial más puro.

Esta ley, al unirse a la ley de Potencialidad pura, que es la diversidad del espíritu, penetra en todo. La parte que no vemos es la energía universal. Única a cualquier campo energético individual. Habla de la alineación entre el Universo, el ser humano y cualquier objeto.

El *ego* nos aleja de la referencia del yo interno. El *ego es la auto-imagen* que hemos creado de nuestras creencias limitantes. Una vez lo silenciamos, *lo trabajamos y lo sanamos, encontramos la armonía de nuestro yo verdadero.*

Este, se reconoce por la liberación de las limitaciones (nuestras creencias) y condicionamientos (lo que puedan pensar el resto).

El silencio emocional nos ayuda a entender el foco de dolor, la herida emocional, su carga y su aceptación; la comunicación con nuestro ser.

El contacto con la naturaleza nos ayudará a equilibrarnos, al conectar con la naturaleza de la vida.

Practicar el silencio a la crítica y juicios de valor sobre los demás, nos ayudará a alejarnos de la queja constante. Esto nos permitirá la paz y la armonía interior.

2ª Ley de la entrega – ley del intercambio – Ley de gratitud

El Universo funciona a través del movimiento de la impermanencia y, el cambio de las cosas a través del intercambio energético. El flujo constante de energía y su fluidez. *Su ciclo funciona por el dar y el recibir.*

Si bloqueamos este flujo, no nos estamos permitiendo el movimiento natural de la vida, por miedo a perder nuestras limitaciones.

Entonces para dar y recibir, tienes que tener un ciclo de entrega para dar. Así, recibirás por el intercambio energético.

Conocemos muy bien el dar en forma material, como puede ser el dinero, que es una energía más. Sin embargo, el flujo de energía que no vemos, *es el amor, la compasión y la bendición.*

La unión exacta es **Dar** (con el corazón, libre de condiciones), **es recibir**. Si no das, es muy difícil que recibas.

La gratitud va unida al dar y recibir. Si aceptas lo que has recibido, estás conforme con la vida, con lo que tienes y eres. Tu recompensa es recibir para agradecer de manera dinámica y energética en el mismo ciclo de vida.

La gratitud es la calma del vínculo con el resto. El acompañamiento y conjunto con la vida. La gratitud manifiesta el amor y la alegría de vivir.

3ª Ley de Karma – Ley de Causalidad

Toda acción tiene una reacción. Una causa tiene un efecto. Lo que sembramos es lo que recogemos. Desear y realizar el bien para los demás, será nuestro fruto del Karma.

Según cómo actuamos (causa y efecto), tendremos nuestras consecuencias al respecto. La energía que aportemos la recibiremos, es el intercambio de dar y recibir.

El karma nos ayuda a entender y reflexionar sobre nuestras acciones y, a tomar nuevas decisiones que nos lleven a los resultados correctos, y su practica se convertirá en un hábito.

El karma no es la adaptación de la negatividad que cosechamos, si no la afinidad de nuestros actos. Será lo que nos enseñen a obtener los actos positivos que nos generarán *el bienestar, la alegría, la armonía, la paz y la felicidad en nuestra vida.*

Todo sucede por la causalidad de aprender, y convertirnos en más grandes y mejores seres de lo que fuimos en un pasado.

4ª Ley del mínimo esfuerzo

La inteligencia de la naturaleza procede del universo y su fuente divina. Lo que quiere decir, que una vez que nos alineemos con nosotros mismos: podremos tener una mente despreocupada, un espíritu en calma y un cuerpo libre de esfuerzo. Nos llevará a la acción con armonía. La práctica del amor incondicional sobre todos los seres y cosas.

Todo responde a la misma ley. La naturaleza fluye como el agua del río. Nosotros pertenecemos a esta.

Si buscamos fuentes externas, nos limitarán en nuestros resultados por el esfuerzo de conseguirlas, y nos disminuirá la energía vital del cuerpo.

La única forma de conseguir nuestros objetivos, es el esfuerzo personal e individual. La tranquilidad de hacer el bien por nosotros mismos, nos ayudará a aportar nuestros mejores actos para dar lo mejor a los demás.

Para ello, debemos tener en cuenta:

1. La aceptación de las personas, las circunstancias y las situaciones.
2. La responsabilidad de aceptar que todos estamos libres de culpa. La respuesta debe ser creativa y positiva por el momento que debe ser, el presente de la oportunidad consciente.
3. La Indefensión: no defender nuestro punto de vista, sino adaptar la situación desde la empatía y generosidad, sin la necesidad de la defensa. ¿Qué harías tú en dicha situación desde posición del otro?

5ª Ley de la intención y el deseo

La energía (información) Natural y la información (forma) proviene del campo cuántico, donde existe toda realidad por la unión con el universo.

Quiere decir, que no estamos separados del Universo, este no presenta limitaciones ni separación.

La conexión se establece por el campo cuántico de cada uno y la unión con todas las cosas. La conciencia pura es el campo de potencialidad pura. Responde a la intención y el deseo.

Nos ayuda a modificar nuestra realidad, y crear un cambio consciente que podemos producir en la realidad, mediante la atención (carga energética) y la intención (que la transforma).

Como utilicemos la intención sobre el objeto al que pongamos atención, obtendremos un poder infinito de organización.

Sin embargo, para llegar a ello, debemos tener respeto y un orden prioritario bajo las leyes espirituales. (Vistas en Maribélula. Repasadas en Mandálula)

La intención es el deseo sin apego al resultado.

El deseo es fácil de conseguir, solo es pensar lo que uno desea de verdad. La parte difícil es cómo crearlo sin esperar con apego.

El pasado es el recuerdo o la memoria de la experiencia. El presente es el conocimiento verdadero, los actos giran a cómo te encuentras en el momento presente. La intención que manifiestes, es la intención de la expectativa que estás creando hacia el futuro.

El presente es la potencialidad (espacio/tiempo) de la materia y la energía, que no pertenecen al pasado, sino a la intención desapegada de la libertad del presente que genere lo que deseamos (en espacio/tiempo).

La intención dirigida al propósito, requiere la atención sobre el resultado inflexible conectado al Universo, descarta cualquier obstáculo.

La tranquilidad de silenciar los pensamientos y adaptarse al silencio y la conexión de la esencia del ser más puro.

En este proceso, introducir la intención del deseo. Integrar una nueva información de tu deseo, y esperar que pase el tiempo prudencial para obtenerlo.

Mantenerse todo el tiempo posible con el ser más puro y la conexión con la Potencialidad más pura.

Renunciar al apego y adaptarse a la incertidumbre, te dará la sabiduría absoluta. Liberarás intención durante la espera.

Deja que el poder infinito del Universo se ocupe de enviarte tu deseo. Confía en la espera para recoger los hallazgos. Ten FE.

6ª Ley del desapego

Anteriormente te comente que, siempre que tenemos algo a nuestro favor, en algún momento, debemos dejarlo ir.

Si queremos conseguir algo fácilmente, debemos liberarnos del apego del objetivo que queremos realizar. Así liberaremos intención, al unirnos a la *FE Profunda* del *Poder del yo interno y el Poder del ser*.

El apego nos aporta miedo e inseguridad, y nos aleja del yo interno, y finalmente, del resultado final. Reafirma la insatisfacción y la carencia.

La verdadera conciencia de la abundancia está en el desapego y la capacidad de obtener nuestros deseos cuando queremos, sin apenas esfuerzo. Lo que produce *alegría y amor*.

La incertidumbre es ponerse incómodo, y en este caso, nos da la libertad de ser creativos en el campo de todas las posibilidades desconocidas. Prestamos más atención y nos mantiene alerta a los nuevos acontecimientos.

7ª Ley del Dharma

El Dharma es el propósito de vida, que dice que lo divino se manifiesta en forma física humana para cumplir un cometido.

El ser humano se identifica por un talento singular y lo expresa de manera diferente, lo que le diferencia del resto de seres humanos.

Cuando este talento aparece y lo aceptamos, lo expresamos sin ningún esfuerzo. Es lo que crea abundancia en nuestra vida.

Se basa en:

- Cada ser humano debe descubrir su *yo verdadero*, su *yo personal*, su *yo superior* y su *yo espiritual.* Saber quienes somos por nuestro propio conocimiento, nos ayuda a entender que somos seres espirituales, manifestados en forma física para tener una experiencia humana.

- La expresión de nuestros talentos, es lo que nos hace diferentes del resto.

- El servicio y la ayuda a la humanidad, y al conjunto de vida. Es la capacidad del uso del talento personal. Ponerlo a servir para la humanidad y el conjunto de vida. Hacemos el uso del Dharma. La experiencia de vida en el campo espiritual. Nos da el acceso a la Potencialidad pura y la abundancia ilimitada, que se volverá permanente.

Para ello, debemos **aceptar el compromiso**:

1. La aceptación del yo verdadero sin ego, a través de la practica espiritual.

2. Descubrir los talentos para disfrutar de ellos.

3. Mediante la pregunta y la práctica, obtendremos el resultado de nuestro talento mejor dotado. Lo ponemos al servicio de la humanidad y a todos los aspectos de la vida.

¿Has visto qué de información útil tenemos en este libro?

Toda esta información es muy importante. Cuando me sentía que había perdido toda mi vida al quedarme sin trabajo. La situación me llevó a la enfermedad, y con ella, a la soledad.

Cuando estás en ese proceso, no crees que las cosas vayan a salir bien. Sin embargo, entender y adaptar la práctica de estos principios en mi día a día, fueron los que ayudaron a resurgir de mis propias cenizas.

Hoy es más fácil adaptarlos para ti. Tienes la herramienta perfecta para llegar a conseguirlos. Estos libros los escribí para llegar a esta parte. A la parte más importante que lo resolverá todo.

Es muy importante para mí que hayas llegado hasta aquí, pues, no todos llegan. Solo son unos pocos los valientes que se atreven a averiguar el camino de la incomodidad y la incertidumbre. Saben que estar en ese camino es reconocer estar en ese camino, es reconocer que todos los errores que cometimos, fueron por la *causa y efecto* de nuestros aprendizajes.

Muchas veces, nos encontramos en la situación de tener que decidir algo importante. No nos damos cuenta, cómo puede interferir nuestra mente para mantenernos en la zona conocida de siempre.

Si deseamos dar un cambio que no nos permitimos, el cuerpo reacciona y se queja por la enfermedad y el dolor. Es tu Alma diciéndote que pares, que le duele mucho tu conducta.

Debemos aprender a escucharla a ella, y a nuestro cuerpo. Ella mejor que nadie sabe cuando es un sí, o cuando es un no. Debemos escucharla.

Querido Amor:

Siento la tercera verdad:

Debemos aceptar, que la unión se vuelve completa cuando, entendemos la unión entre mente, cuerpo y alma:

Debemos enamorarnos

locamente de nuestro ser.

SALTO CUÁNTICO

¿Te acuerdas qué era un electrón…?

¡Exacto! Es una partícula muy pequeña de carga negativa.

El salto cuántico quiere decir que el electrón pasa de un estado menor a un estado mayor de energía.

¿Entonces, qué nos pasa a los seres humanos?

Pasamos de un estado bajo (menor) de energía a un estado alto (mayor) de energía.

Con el estado bajo, nos estancamos.
Con el estado alto, progresamos.

El estado bajo es el apego de las cargas negativas. El estado alto, es el desapego de la incertidumbre, para averiguar la felicidad de cada momento.

Entonces es el perdón de nosotros mismos y con ello, la aceptación del ser *tal y cómo somos*. Esto nos ayudará a la superación de las cargas emocionales, a la sanación de las heridas del Alma. Soltar el sufrimiento nos aportará la liberación de la culpa. La felicidad propia la compartiremos con el resto.

Nos adaptaremos al fluir de la naturaleza como vida natural, del ser y el Universo.

Este salto cuántico, ofrece la conexión con todo lo que nos rodea. Experimentaremos las sensaciones a flor de piel.

Sin embargo, la adaptación nos dará los mejores consejos a nuestras preguntas. Solo así hallaremos los resultados. Sin embargo, si queda alguna parte por sanar, se hará presente y habrá una resistencia. Aunque esta no será tan dolorosa como toda la experiencia pasada anteriormente.

El salto cuántico ofrece la despedida del pasado. La experiencia total del presente en el momento exacto. Lo has trabajado y los resultados te dan una idea del futuro.

Había trabajado el rencor. Me di cuenta que mis relaciones no habían funcionado por la imagen que tenía hacia el hombre.

"*A lo que te resistes, persiste.*" - *Carl Jung*

¿Lo has oído alguna vez?

Llegó el día en que decidí enfrentarme a esta situación. Decidí sanar el rencor, y darle en su puesto, lugar al perdón. Te lo aconsejo: te invito a que lo hagas. Es muy saludable.

El perdón es la reconciliación de tu yo más profundo.

La resistencia más dolorosa, es dar el lugar adecuado a las personas para que todos respondamos a nuestro papel, que figura en el guión de nuestra película.

Y es que hay personas que confunden el papel propio y dan lugar a los papeles ajenos como propios.

A las parejas no se las puede tratar como padres. Ni a los hijos como padres. Y tenemos que entender que los hijos, somos hijos, no parejas de nuestros padres.

Los hermanos, son hermanos, no protectores de las hermanas por las novias que les hirieron.

Las hermanas deben centrarse en ellas, no buscar relaciones que se comparen a las costumbres de los padres o los hermanos.

Las hermanas mayores no son madres de las hermanas pequeñas y viceversa, solo acompañan en un proceso de vida.

La madre debe hacerse responsable de sus hijos y no dejar la responsabilidad absoluta a los hermanos mayores.

Los padres deben respetar las relaciones sentimentales de los hijos, y los hijos, las de los padres separados.

Entonces, bien. Vamos a hacer un mini ejercicio para dar un sitio y un lugar a cada persona.

¿Recuerdas que solo con sanarte tú, tu lazo energético sanará partes de personas a las que estés unida?

Eso te vuelve mucho más valiente. La energía está en todas partes y el Universo te ayudará a conseguir tus logros. Antes, debes sanarte tú, y dar un sitio y un lugar a los acontecimientos.

Si tú colocas tus pensamientos en un orden propio, estos te darán seguridad. La seguridad bien enfocada, crece. Así, las personas que están a tu alrededor, también sentirás más seguridad y te apoyarán.

No me voy a entretener mucho en esto, porque la explicación la vimos en *"Maribélula"*, sin embargo, sí que haré una mención a esta:

Los padres son nuestros maestros desde el nacimiento. Ellos nos enseñan todo lo que saben por cómo se lo enseñaron a ellos.

Los hijos creamos nuevas estructuras de vida, por los nuevos aprendizajes y conocimientos. Esto les ayuda a los padres a integrar nueva información y creencias.

Estas dos creencias unidas, ayudarán a los descendientes de la tercera generación a crear un nuevo estilo de vida. Son los que rompen la realidad antigua de los pensamientos ancestrales, y con ellos, la vida avanza.

La cuarta generación es la que viene a mejorar el ciclo de vida, en cualquier ámbito. Es por eso por lo que hay que tener los ciclos cerrados, las relaciones ordenadas. Y los papeles de los personajes realizados llegarán a los grandes resultados.

Creencias familiares limitantes:
Responde a las siguientes preguntas:

¿Cómo fue la experiencia de tus antepasados?

-Amor y relaciones:
-Dinero y trabajo:
-Salud y hábitos saludables:

¿Qué ha pensado tu familia sobre esto? (puede haber varias creencias)

¿Cómo han sido sus expectativas respecto a lo anterior?

¿Qué te decían respecto a tu conducta?

La conducta que haya salido repetida generación tras generación, es el patrón de la creencia que debes romper.

Escribe una carta a cada uno de ellos, exponiéndoles tu punto de vista. ¿Cómo te sientes? ¿Qué experimentas? ¿Te ayuda? ¿Te compensa? ¿Te limita? ¿Te suma o te resta?

Ahora escribe otra carta, exponiendo cómo podrías cambiarlo.

Escribe otra carta de perdón, por no haber entendido que lo hicieron por tu bien. Agradéceselo. Y escribe tus puntos de vista para cambiar los resultados y tener resultados mejores.

Escríbete una carta a ti misma, reafirmando tu creencia y aceptación de las partes que tú realizaste, ya sean positivas o negativas.

Escribe una lista de las partes que te gustaría tener como ellos, las que tienes como ellos y las que vas a cambiar. Acepta las partes que no cambiarás porque son la identidad del prójimo (no importa lo que tú opines, solo tienes que aceptar a la persona). Ama.

Dentro de unos días, escribe los cambios obtenidos. Agradece.

La idea es acompañarnos y ayudarnos los unos a los otros, por la aceptación de los hechos. Sin sentirnos obligados, respetando el espacio y papel de cada uno.

Con la experiencia vivida, debemos evitar el dolor a las personas influenciadas. Se logra desde el amor y el respeto. La condición y la aceptación de cada uno y su papel más sincero. Solo así se obtendrá el verdadero equilibrio existencial.

Si tenemos carencias familiares, tratamos a estos como si quisiéramos tener a una persona a nuestro lado. En una confusión del ego y el apego, de no tener. Tenemos que centrarnos quienes somos cada uno; por qué somos y para qué somos. Será cuando demos el significado a nuestra vida, nuestro objetivo y nuestro cometido.

La forma es dar un sitio y un lugar a las relaciones. La aceptación de quiénes son y por qué son, darán los resultados de la aceptación. El karma se sanará.

Esto quiere decir que:

Hemos limpiado las creencias familiares limitantes hasta la cuarta generación. ¡Enhorabuena!

¡Celébralo! Date un buen aplauso y sonríe al Universo, él ya lo sanó.

EL GRAN SECRETO DEL ÉXITO

Las personas llaman éxito a algo que no saben qué es en realidad.

El éxito es el valor que una persona da a algo especial para ella.

El éxito puede ser una buena relación.

Pueden ser unos hijos maravillosos, una vida laboral, una casa, una buena salud, pueden ser tus amigos, puede ser un pasatiempo…

Éxito es todo aquello que lo vemos como un sueño inalcanzable. Éxito es lo que nos obliga a ser más grandes para lograr nuestras ideas.

Es la sensación que se adquiere cuando aplicas todos estos principios y dejas a un lado la idea de "a ver si lo consigo", y sustituyes su espacio por: *"VOLUNTAD DE HACER".*

¿Qué impide que nuestro éxito avance?

Es el síntoma de nuestra inseguridad.

Esta se potencia por tres factores:

1. Críticas: nos da miedo que nos juzguen.
2. Perder lo que ya tenemos.
3. No lograr nuestros objetivos.

Sin embargo, si hemos trabajado todo el proceso anterior, esa parte habrá desaparecido. Habremos aprendido que esos pensamientos, solo nos ayudan a desanimarnos. No los necesitamos.

Debemos mencionar que **detrás del miedo, está la gratificación.**

Cuando derribamos el miedo, significa que hemos reconocido la humildad de aceptarlo. La valentía se hace presente y nos aporta seguridad para conseguir nuestros deseos.

Somos nosotros mismos los que bloqueamos nuestro éxito por miedo a enfrentarnos a este. Muchas personas prefieren no enfrentarse al éxito y quedarse como están. Dejan que sus pensamientos negativos les impidan seguir hacia adelante.

¿Recuerdas cuando éramos pequeños y jugábamos al juego "pilla-pilla"? Recuerdo cómo nos subíamos a una acera, esta se volvía casa, y ahí estabas a salvo.

Cuando empezaba el juego, todos corríamos para que quien la ligaba no nos alcanzara. Sacábamos nuestra máxima velocidad para llegar a la casa. Tras un suspiro, podíamos decir: ¡Guau! Casi me pilla, ¡pero no lo consiguió!

En ese juego no te centrabas en salvar a tu compañero, te centrabas en salvarte tú. Y cuando había unos cuantos compañeros que les habían pillado, arriesgabas a salvarles.

Todos hacían cola, agarrándose de las manos y estirando sus brazos, para que tú llegaras a tocar la mano al primero de la cola. Tenía sus brazos abiertos, uno de ellos se unía a la cola, y con el otro brazo, hacía que tú le alcanzaras para salvarle de una palmada. Les salvabas a todos. Seguías corriendo para volverte a salvar.

No pensabas en qué podía pensar el que la ligaba, solo sabías que tu objetivo era que, el que la ligaba, no te pillara y salvar a tus compañeros.

Si el que la ligaba se enfadaba por ligarla, y no prestaba atención en pillar a todos, y dejar de ligarla, siempre era el mismo. Aunque a veces, por compañerismo, algún voluntario decía, "hoy la ligo yo…". Aunque pronto volvía a estar ligándola el de siempre.

Este recuerdo me hizo darme cuenta de un gran aprendizaje. Y es que, muchas veces, debemos salvarnos nosotros mismos. Aceptar que no podemos pensar en salvar a quién no quiere.

¿Por qué nos centramos tanto en el qué dirán?

Simplemente, por miedo a no ser aceptados. Eso es lo que verdaderamente interrumpe el final y el comienzo: acaba con el proceso de vida. Nos da miedo enfrentarnos a lo que podemos perder. No perdemos. Aprendemos. Aprendemos para valorarnos y conseguir progresos nuevos.

El ser humano, por naturaleza, necesita evolucionar, si no evoluciona, está perdido. La monotonía le mata. La evolución está incluida en nuestros genes. Por eso hay personas que acaban frustradas.

Ellos no creen que puedan lograr sus sueños. Pueden hacerlo si se centran en conseguirlos. Deben cambiar sus costumbres, desarrollar costumbres nuevas y convertirlas en hábitos. Solo así, empezarán a cambiar su rumbo.

ANCLAJE

Me he dado cuenta que, para ser consciente del presente, lo mejor es escribirlo. Los pensamientos, solo se pueden unir a hechos cuando somos conscientes de ellos.

Creamos una emoción, y esta, nos da el impulso para obtener los resultados. ¿Cómo logramos esto?

Al escribir nuestras ideas, tomamos consciencia de nuestro deseo. Activamos la emoción por la sensación que nos transmite. Esta información pasa al campo energético. Este ultimo conecta con la energía Universal, que recibe nuestras plegarias en el momento exacto.

El anclaje sirve para tener un enfoque de energía y que nuestra emoción se active para subir el entusiasmo. Creamos una acción diferente. La creatividad aparece y obtenemos los resultados.

Los anclajes deben convertirse en afirmaciones positivas. A medida que las repitamos, se volverán en decretos. Se habrán creado en el subconsciente y obtendremos los resultados deseados.

Tu pregunta será:

¿Y si es tan fácil, por qué la gente lo no hace?

No son constantes a sus deseos.

Cuando deseas algo, debes buscar las circunstancias que te lleven a conseguir tu deseo.

El trabajo diario te ayudará a ello. Después de haber realizado ese proceso de esfuerzo, que en el fondo no lo es tanto, porque la fe del deseo hace que lo veas fácil.

Aunque tu entorno lo verá difícil, porque jamás lo haría. Es eso lo que te diferencia en que estás en tu camino.

Lo que estabas buscando lo encuentras en un momento exacto. Y de repente, tu deseo te busca a ti, y él te encuentra en el momento preciso.

¿Cómo anclamos un deseo?

Por escrito, mediante la confianza de las palabras y marcando fechas exactas.

El futuro se tiene que hacer presente. Tienes que escribir lo que deseas a largo plazo. Como si ya lo estuvieras viviendo y ya lo hubieras vivido.

Depende de lo grande que sea tu deseo, tardará más o menos en que lo recibas. Si es uno pequeño; un viaje, un nuevo sueldo, un nuevo trabajo puedes practicarlo durante 22 días para obtener los cambios. Cuando lo recibas, no dejes de repetirlo, así crearás más de lo mismo.

"Yo, (tu nombre). En la fecha: (la fecha que quieras recibirlo). He obtenido (tu deseo). Doy las gracias a todo este proceso significativo, que pongo al servicio de los demás, por un efecto productivo positivo para mí y para todos los involucrados.

Si es un deseo un poco más grande, date un periodo de 3 meses.

Yo, (tu nombre). En la fecha: (la fecha que quieras recibirlo). He obtenido (tu deseo). Doy las gracias, a todo este proceso significativo, que pongo al servicio de los demás, por un efecto productivo positivo para mí y para todos los involucrados.

Si son cambios en toda tu vida, date el periodo de un año.

Yo, (tu nombre). En la fecha: (la fecha que quieras recibirlo). He obtenido (tu deseo). Doy las gracias, a todo este proceso significativo, que pongo al servicio de los demás, por un efecto productivo positivo para mí y para todos los involucrados."

Si es muy grande, da un periodo de cinco años. Divide la cantidad de acciones que debes realizar por año, meses, semanas y días. Y no abandones el proceso. Trabaja todos los días en tu deseo. Recuerda, que *en lo que enfocas tu energía, crece.* Te sorprenderás.

"Yo, (tu nombre). En la fecha: (la fecha que quieras recibirlo). He obtenido (tu deseo). Doy las gracias, a todo este proceso significativo, que pongo al servicio de los demás, por un efecto productivo positivo para mí y para todos los involucrados."

Haz una acción repetitiva mientras repites la afirmación cada día.

Para ello, vamos a tener en cuenta:

CÓMO TE RESPONDE EL UNIVERSO

Después de haber trabajado todos los puntos que has recorrido por la saga de *"Maribélula"*, te habrás dado cuenta de todas las revelaciones que han ido apareciendo. Tus notas, tus progresos, te han llevado a experimentar muchos cambios.

Cuando el Universo se pone en contacto contigo, lo hace de una manera muy sutíl y tranquila. Él no intenta asustarte, al contrario, lo hace desde el cariño y el amor.

Él respeta tu esencia y sabe qué puedes asumir y qué no puedes. Nunca te mandará una experiencia si no estás preparado para vivirla.

El Universo se pone en contacto contigo para marcarte la señal de tu avance. Entonces, aparecen todas aquellas personas y seres extraordinarios, que te ayudarán a buscar tu potencial para conseguir tus logros.

Tu Alma sabe qué es lo que debes hacer en cada momento; lo que pasa es que, por un tiempo, lo olvidamos. Esta parte es la que debemos trabajar para recordarlo. Llegar a conseguir nuestros sueños está al alcance de todos. No hay nada que no puedas lograr si haces lo correcto, eres lo que has venido a ser.

Hace mucho tiempo que tu elegiste tu verdadera decisión, esa que se hace presente en los momentos exactos.

Para llegar a ella, tienes que entender el motivo por el que elegiste esa opción. Es el único modo de aceptar tu cometido de vida.

Antes debes aceptar tu pasado. Dejarlo atrás. Perdonar y dejar ir aquellas partes que te limitaron en su momento. Entenderlas, aceptarlas y olvidarlas.

Esto hará que tus creencias antiguas, desaparezcan. Sentirás que tienes un motivo real de vida. Ese es el que te empuja a tu bienestar.

Entonces, llega el momento que tu Alma se conecta con el gran Universo. Todos aquellos seres empiezan a mandarte amor para que tú reconozcas tu cometido, la esencia de lo que siempre quisiste ser.

Por una consecución de circunstancias, aparece el arte de la magia; entonces, te conviertes en lo que siempre deseaste.

Ahora, tenemos que aprender a utilizarlo… Sigamos:

HÁBITOS DEL ÉXITO

Un hábito es una costumbre que se hace de forma regular, porque la tenemos integrada en nuestra mente. No nos damos cuenta que la estamos realizando.

Si quieres tener éxito, tenemos que crear nuevas costumbres. Poco a poco, por la repetición, la mente los integrará como hábitos. Finalmente, los harás sin darte cuenta.

Para la creación de nuevos hábitos, debemos repetirlos varias veces seguidas durante un determinado tiempo.

1. Levantarte antes por las mañanas. Controla tus ciclos del sueño y los adaptas como un nuevo hábito. Duerme las mismas horas, aunque te levantes antes por la mañana.

2. Añádele emoción. El primer pensamiento que crees por la mañana, activará una emoción. Estas deben ser positivas (una inspiración nueva). Deben animarte a levantarte. Invertir tiempo en tu sueño, será lo que te ayude a levantarte por la mañana con ganas.

3. Tu comportamiento, a la hora de realizar lo que deseas, creará una nueva perspectiva. *El gran POR QUÉ,* es lo que elevará el entusiasmo.

Durante un tiempo pones la alarma, y al cabo de la repetición de un mes, el cuerpo lo hará por sí solo. Se despertará a la hora que le hayas programado. Tendrá un *POR QUÉ* (para hacerlo). Acompañado de una emoción (positiva), tu cuerpo adaptará el movimiento para realizarlo. Será la triple unión más poderosa: mente, cuerpo y espíritu (voluntad de hacer).

Ejemplos de algunas ideas:

1. Levántate más pronto. Todos disponemos de las mismas horas, sin embargo, la solución la adquirimos en cómo nos repartimos esas horas.

    - Si te levantas 3 horas antes todos los días, al final de la semana tendrías 21 horas más. Al mes obtendrías 90 horas más. Al año serían 1095 horas más de vida.

    - Invierte esas horas de más en tu sueño. Estás haciendo algo diferente al resto de personas: *levantarte antes para invertir tu tiempo en algo que amas.*

    (Si no lo hiciste anteriormente, planifica):

2. Planifica tu futuro: a largo y corto plazo: Cada noche ten un tiempo para estructurar tu día siguiente. Visualiza cómo va a ser tu día.

- Una vez al año, normalmente, intenta que sea en diciembre. (planifica tu año, en meses, semanas y días), ten un objetivo que realizar a largo plazo y divide el trabajo a corto plazo.
  Aunque no sea diciembre, planifícalo desde hoy. A un año. En seis meses. Todo lo que no hayas realizado, planifícalo en Diciembre, con la estructura a un año desde la fecha.

3. Dedica tus primeras horas de la mañana a ti mismo. Dedícate a elevar tu estado de ánimo. Potencia tu creatividad. Eleva tu energía. Haz todo aquello que te gusta. Respeta:

   - Tu mente: lee, aprende cosas nuevas.
   - Tu cuerpo: come sano, haz ejercicio (mínimo: camina al menos de media hora a una hora).
   - Tu alma. Dedícate a reflexionar, medita, escucha música con sonidos alfa.
   - Mímate: sé el líder de ti mismo.
   - Aprende de las cosas negativas (sal del papel de víctima).
   - Agradece las positivas.

4. Finaliza tu día:

   - Perdona las actitudes negativas. (propias y ajenas)
   - Agradece el aprendizaje.

Vamos a diseccionar algunos pasos que hemos visto hasta aquí:

-Maribélula: te enseñó a averiguar lo profundos que somos. Entendimos todas las partes que debemos sanar.

-Mandálula: te ayudó a entender cómo surge la transformación del pasado al presente.

-Sueñalula: te está ayudando a avanzar en las partes que no creíamos que fueran tan importantes, que resultan ser las más significativas.

Para trabajar más el perdón;

-El amor es el camino hacia el perdón, te enseñará a perdonar los conflictos emocionales y sanar el alma.

www.isabelaznar.com

Si has seguido todos los pasos de este proceso, habrás sentido cambios en ti y habrás conseguido tener un cambio en tu vida.

Todos los pasos han sido satisfactorios, y sobretodo, evolutivos. Entonces, te sentirás identificado con el siguiente texto. En el caso que no sea así, no pasa nada, sigue leyendo. Encontrarás la solución a tus dudas.

Estos libros los he escrito para ayudar a las personas a descubrir su propia identidad, y así, encontrar su máximo potencial. Ese que las convierte en muñecas Kokeshi, en Momotaro… En personas que son únicas que brillan en su propia esencia.

Necesitamos más personas que trabajen la paz y el amor. ¿Cómo? Ayúdanos a conseguir que las personas cambien sus ideas.

1. Aconseja este libro. Hazte una foto con él. Anima a las personas a que lo compren: explícales la importancia de pagar el precio (lo aprendiste hojas atrás).

2. Mándame tu foto con el libro, me gustará mucho verte en mi correo.
3. Publica tu comentario con todo lo que aprendiste y te aportó.
4. Si quieres pertenecer al grupo de Valientes, accede a este en mis redes sociales. Te las dejo escritas al final del libro.
5. Trabaja todos estos principios. Ayúdate con más información de lecturas. *"La voz de tu alma"*, de Laín, también puede ayudarte.
6. Puedes contratar una mentoría privada conmigo: isabelaznar888@gmail.com

¡Te estamos esperando!

CREA TU MÉTODO.

Mantén tu mente abierta. No tengas miedo.
Destruye las dudas.
Acepta y perdona el pasado. Acepta los miedos familiares.
Sana tus heridas emocionales. Respeta su conducta.
Sánate tú y sanarás a los demás. Acepta tu karma. Sánalo.
¡Es una auténtica sorpresa!

Solo tenemos que aceptar de una vez el gran secreto final. El proceso por el que escribo libros, es porque sé que hay personas que necesitan leer estas palabras, y pronto las oirán.

Personas que nos inspiran ideas, aquellas que nos recuerdan quienes somos. Ellas saben que nacemos siendo grandes y aspiramos a ser gigantes.

Personas que se aceptaron a sí mismas, por hacer algo diferente. Rompieron su sistema de creencias. Fueron valientes. Hoy recurrimos a ellas por admiración, y nos encontramos con la humildad su valentía.

Personas que se sintieron fuera de lugar, sin entender qué les pasaba. Lucharon por averiguar qué sucedía.

Personas como tú y como yo, que un día nos dijeron algo que interrumpió todo el proceso de nuestra vida. Sin embargo, luchamos contra nosotros mismos, para derrotar todas las creencias por ideas construidas.

Personas que apostamos hasta el final, porque sabemos que ese final nos salva el comienzo.

Trae consigo confianza desde la humildad, de una lucha interna que desata miles de excusas rotas. Cientos de críticas y destruye todas esas etiquetas del pasado.

Personas que se reencontraron en el momento exacto y no dudaron por seguir avanzando.

Aquellas personas brillantes, que se identificaron con Maribélula, por ser diferentes: aquellos que llegaron para ser escuchados.

Gracias a ellos, la vida en su entorno gira de manera diferente.

Son aquellos que escuchan el diálogo interno de las palabras ausentes. Quizás lo llamen *instinto, intuición, Dios, Alma*. O, como dice Laín; *"olfato para los negocios"* o, *La voz de tu Alma...* Y ¿por qué no...? *"Maribélula"*. Llámalo como quieras, ese nombre te corresponde. Aprende el juego para ganar.

Gracias a todas esas personas, por ellas, el mundo vibra intensamente. Son aquellos que descuben la huella que dejaron otras personas. Aquellas que simplemente creen. Finalmente, verán que gracias a ellos, el planeta avanza.

¿Tu nombre?

....

GRACIAS, GRACIAS, GRACIAS.
BENDICIONES.
TE AMO.

EL GRAN SECRETO

Érase una vez, en medio de un campo ancho y grande. Sus árboles grandes y robustos, tapaban la casa donde vivían tres hermanas con sus padres.

Un día un caballero galante y hermoso, se perdió con su caballo. De repente, vió la casa y se sorprendió al recordar todas las veces que pasó por allí, sin darse cuenta que existía.

Se acercó para pedir ayuda y llegar a su destino. Cuando llamó a la puerta, salieron las dos hermanas mayores. La más pequeña, estaba despistada observando los laureles de la parte de atrás del jardín.

-Buenos días señoritas. ¿Podéis ayudarme a salir de este bosque, creo que me he perdido. Estoy buscando a la mujer más observadora… ¿Podéis guardarme el gran secreto?

-Sí, claro…- la mayor le acompañó entre los arbustos y le señaló dónde estaba el camino más cercano hacia el pueblo. Al acabar, le miró esperando que le contara el gran secreto, sin embargo, él se marchó.

-No me ha dicho nada…- dijo enfadada- He sido muy observadora indicándole el camino.

Una semana después, alguien llamó de nuevo a la puerta.

Las hermanas acudieron a abrir.

-Buenos días, señoritas. ¿Podéis ayudarme a salir de este bosque? Creo que me he perdido. Estoy buscando a la mujer más observadora… ¿Podéis guardarme el secreto?

-Yo ya le indiqué- dijo la mayor aún enfadada.

La hermana mediana, se acercó a él y le dijo el camino para volver. ¿Cuál es el secreto? ¿Vas a volver?- preguntó.

El caballero se marchó. Mientras que la hermana mediana pensaba cuál podía ser el secreto. Cuando volviera, ella lo habría descubierto.

Esta vez, no fue una semana, sino que pasó un mes.

Las dos hermanas mayores estaban en el jardín, cuando le vieron que llegaba de nuevo; la mayor señaló el camino al pueblo hacia la derecha. La hermana mediana señaló el camino hacia la izquierda. El caballero frunció el ceño. Él ya sabía que los dos caminos le llevarían al mismo destino.

La hermana pequeña estaba cortando rosas, justo al lado. Concentrada en su labor, no oyó nada. El caballero la vió. Sonrió. Y se marchó. La hermana pequeña vió al caballero alejarse entre los matorrales. Sonrió.

Pasó un mes y medio. La hermana mayor decía, "no creo que vuelva".
La hermana mediana, intentaba averiguar cuál era el secreto.

Y la más pequeña, había cogido hojas y se había preparado una infusión. Cogió el vaso. En su mano sintió que la infusión se había enfriado. Pensaba calentarla de nuevo, cuando llamaron a la puerta. Esta vez, abrió ella.

-Buenos días caballero, ¿en qué puedo ayudarle?- saludó cuando le vió.

Las hermanas extrañadas, observaban desde el salón.

-Buenos días, señorita. Me gusta este bosque. Y estoy buscando a la mujer más observadora para que me guarde un secreto, ¿usted la conoce?

-Es una despistada- se burlaron las hermanas-Ella nunca conoce a nadie. El secreto es que volverías- dijo la hermana mediana.

El caballero observó a la hermana pequeña.

-¿Tienes algo que decir?- ella sonrió.
-Si es un secreto, no se puede contar- respondió.
-Estoy deseando oírlo. Puedes contar el secreto.
-No conozco a la mujer más observadora- se acercó a su oído y le susurro- Tu secreto es que llevas un zapato de cada color. Igual que yo.

El caballero se fijó en los pies de ambos. Al ver que la solución era cierta, soltó una gran carcajada. La ayudó a subir a su caballo. Juntos se fueron por el camino hacia el pueblo.

A veces, las personas esperamos el resultado que a uno mismo nos beneficia y nos place tener. Sin darnos cuenta, pasamos por alto el resultado cuando lo tenemos delante.

Damos importancia a las cosas más insignificantes. Las más importantes no se ven a simple vista.

Otras veces, esperamos que por ser nosotros, debemos recibir la reacción del resto como un hecho de lo que nos gustaría a nosotros mismos.

Exigimos lo que deberíamos tener, dando por sentado los hechos, aunque las circunstancias no sean las más favorables.

Hay ocasiones, que las personas buscamos experiencias diferentes que no conocemos, de las experiencias vividas que ya conocemos.

Aunque muchas veces se rían, y otras se burlen. Como personas que somos, la mayoría de las veces deseamos encontrar aquella mitad que nos complemente, en esas pequeñas cositas que nos hacen diferentes.

Algunas cosas que pasan cuando el Universo se pone a nuestro favor:

Miles de gracias por llegar hasta aquí. Eres muy valiente. ¡Una auténtica persona brillante de colección!

La pregunta que te voy a hacer, es:

¿Recuerdas cuando en Mandálula hablamos de las proyecciones cinematográficas?

Ahora, bien... Llegamos a este punto:

Te sientas en esa butaca del cine, en 4DX (butacas que ofrecen efectos especiales espectaculares para dar intensidad a la película) y ves tu vida pasar. Sabes lo que tienes que hacer, y lo harás.

Habían pasado varios meses, en lo que yo apenas había tenido contacto. Estaba leyendo en mi habitación, y poco a poco me quedé dormida. Su mano cogió la mía. Aparté mi mano de la suya. No era él. Un señor mucho mayor estaba conmigo. No podía abrir los ojos.

-No temas. Estás a salvo.
Sentía cómo su energía intentaba calmarme.
-¿Qué quieres?
Ser mayor: He venido a informarte.
-¿Dónde está él?
SM: No creo que tarde en llegar. ¿Has decidido desvincularte de tu preparación?
-No. He sanado todas las partes que me dijiste.
SM: Cuando eras pequeña yo estuve siempre a tu lado. Un día dijiste que tenías miedo. Me pediste que me fuera. Entonces, te acompañé en el proceso desde más lejos. Era yo quién te guiaba.

Me mandó una imagen de cuando era pequeña, y me escondí debajo de la cama. Podía ver sus zapatos. En la habitación no había nadie, solo un ser de luz; mi guía.

Sentí la vibración en mi pecho. Me transmitía tranquilidad.

E: Ella es estupenda y no voy a negar que muy especial. Ella deberá elegir cuánto tiempo estará acompañándome. No está obligada a ello. Está claro que me dolerá perderla de nuevo. Yo no puedo elegir por ella.

-Esa es la parte que yo no aprendí- dijo otro ser.

Empecé a sentir cómo se unían cada vez más de ellos.

-¿Quiénes son?- pregunté a mi compañero.
E: Todos ellos estaban esperando que sanáramos nuestras partes oscuras. Ellos nos apoyan y nos observan cuando no estamos aquí. Te enseñaré algo.

Empecé a ver una imagen de millones de seres que esperaban nuestro regreso. Su energía se juntaba con la nuestra, uniéndonos todos aún más.

SM: Eres libre. Estamos muy contentos de ello. Te enseñaremos algunas Almas a las que ayudaste. Ellas están muy agradecidas, aunque no estén aquí con nosotros. Están buscando su cometido.

-¿Qué pasará entonces?

SM: Si eres libre, perteneces a todos nosotros.

Ahora debes hacer lo que hace mucho tiempo te dieron por cesión.

Mi vibración empezó a ser más intensa. Sentía cómo él me estaba enseñando las imágenes. Un escritorio de madera. Papeles desordenados y un montón de plumas de escribir manchadas de tinta. Me veía a mí misma escribiendo libros hace muchos, muchos años. Me fijé en los nombres de los libros.

La siguiente imagen era cuando era pequeña y escribía cuentos. Cuando tomé otra decisión y mi rumbo cambió. Vi la cantidad de veces que había ido a las librerías, en busca de un libro que llamara mi atención.

Sentía aquellas almas que habían escrito esos libros. Alguien diferente, alguien que ni siquiera llamó mi atención acababa de pasar justo por mi lado. Nos hubiéramos chocado, si no hubiera sido porque formábamos parte de otra dimensión.

Podemos estar en el mismo sitio, a la misma hora, en el mismo lugar. Sin embargo, no os veréis si las dimensiones son diferentes y la vibración no encaja.

Ciento de almas estaban ahí, buscando sus libros, deseando ser encontrados para volver a existir.

Entonces me expusieron el motivo por el que él debía ser mi compañero de vida. Teníamos un cometido unidos, que pertenecía a un grupo muy grande de seres. Me mostraron una imagen que nunca antes había visto.

Detrás de aquellas puertas donde existe el Mundo Mágico, existe una vida en unión, mucho más grande de lo que nos podemos imaginar.

Dicen que pertenecemos a un ser supremo, que es una conciencia colectiva. Te separas porque decides vivir una experiencia en la Tierra. Se divide en varias almas que están destinadas a encontrarse para un bien común para la humanidad.

Almas que crecen juntas. Almas que buscan un mismo lugar. Almas que comparten su cometido para evolucionar y crecer más, por una experiencia propia y para unirse. Ser más grande.

Entonces me mostró un escritorio con un libro y una pluma.

Podía ver sus manos deslizándose por el papel. Terminaba de escribir unas letras y me cedió el libro.

"Una vez te has encontrado, esas dos estrellas únicas se juntan. Ese amor te encuentra a ti.

Aceptarlo nos transforma, y rechazarlo nos someterá. Te amo."

Entonces, yo ya había aceptado.
Escríbelo...- susurró.

"Dejaba atrás mi pasado que había muerto. El dolor había desaparecido. Tras aquellas inmensas puertas, se encontraba el Mundo Mágico. Brillaba con su luz especial.

Hay algo que todos buscamos. Nace desde lo más profundo de tu ser.
Cómo tú lo valores, ese anhelo te valorará a ti.
No lo puedes arrebatar, tampoco buscar, y mucho menos, esperar.

El secreto oculto que buscan todas las personas. Le he escribo cartas durante mucho tiempo. Sé que me acompaña y está a mi lado.

Dicen que mientras tú evolucionas, alguien cerca de ti está evolucionando contigo.
Sucede una compensación única que, sin estar unidos físicamente, la parte energética sí que lo está.

Llega un momento que la unión se acerca más.... En el momento menos esperado, cuando brillas con tu propia luz diferente, alguien muy especial brilla a la vez que tú".

Maribélula.

Me desperté. Aturdida y confusa, intentaba entender qué había pasado. La vibración de mi pecho aún seguía. *"Escribe"*- repitió.

Fui hacia el ordenador. Busqué en internet los nombres de los libros. Existían en la época y el año que yo había visto en mi sueño.

Esto me revelaba la verdad, aunque no sabía qué iba a pasar exactamente . Decidí empezar a escribir mi primer libro, y contaría mi experiencia con la sanación cuántica y las experiencias que me habían ido transmitiendo.

A medida que yo me desbloqueaba, Sara también lo hacía, así como todas las personas que acudían en busca de consejo.

Sabía que debía esperar durante un tiempo, aunque debía empezar a escribirlo. Sabía que tenía que contar todo lo que había visto, pero ¿cómo iba a hacerlo?

Me faltaba una parte que no sabía cuál era. Algo frenaba todo el proceso.

*Me habían enseñado una imagen que había visto varias veces. Supuestamente, aparecería. Solo tenía que esperar. Entonces apareció el siguiente proceso…

¡Hasta que nos veamos, brillante persona!

Ya estamos acabando y antes de finalizar el libro, no quiero que se me olvide:

Bases del juego:

1. HABERTE LEIDO AL MENOS UN LIBRO DE ESTA TRILOGÍA.

2. ¿Recuerdas la historia de la palabra constancia? Si fuiste constante, habrás apuntado las dudas en una hoja.

3. Selecciona las más importantes. Lee de nuevo todas las respuestas de las preguntas de esta Trilogía.

4. Cuanto más claro tengas tu "Casa de la Vida", más fácil será poder ayudarte a:

    -Desarrollar el código sentir.
    -Potenciar tu Identidad.
    -Trabajar en tu motivo de vida.
    -Ayudar a los demás.

5. Conclusión y planificación de tu vida.

6. Tienes que tener las preguntas exactas en el momento adecuado.

7. Hace unos días, estaba realizando un curso, para impartir un taller grupal y formar a personas. He decidido incluir una pirámide que he realizado para incluirla en la formación.

    Con todas tus respuestas, adáptalas a esta pirámide. Estamos trabajando el mundo cuántico y material.

El Mundo Material, son las acciones que queremos realizar. Hábitos que realizamos en nuestro día a día.

El Mundo Cuántico: es la parte que no vemos, aunque existe. Los pensamientos nos llevan a nuestras creencias. Definen nuestros hábitos, con todos ellos, nuestros resultados.

Rellena esta tabla con tus decisiones. Todas aquellas que quieres llevar a cabo. Ya explicamos en Maribélula la ley de correspondencia ("como es arriba es abajo"). Cuanto más clara tengas esta pirámide, más fácil será conseguir tu sueño. Tienes que crear un vínculo con tu sueño, serle fiel. Y decidir que es tu responsabilidad: harás que todo salga bien.

Ambas puntas de la pirámide, encaja con el numero 1, y finalizaría en ambas bases que les corresponden el numero 8.

Las personas ven, la parte de la cima del iceberg, sin embargo, no suelen saber que hay en la parte más baja de este.

Tampoco qué esconde. Para conseguir tu sueño, tienes que crear unas buenas bases. Estas comienzan en la parte interna de nosotros mismos.

Con ellas, nuestros sueños serán los que aparezcan junto a nosotros cuando estemos en la cima.

Será cuando realmente hayamos podido utilizar las Leyes Universales a nuestros favor. Con ellas, nosotros hemos evolucionando siendo seres para ofrecer lo mejor de nosotros mismos a los demás.

Mundo Material (en el que vivimos)

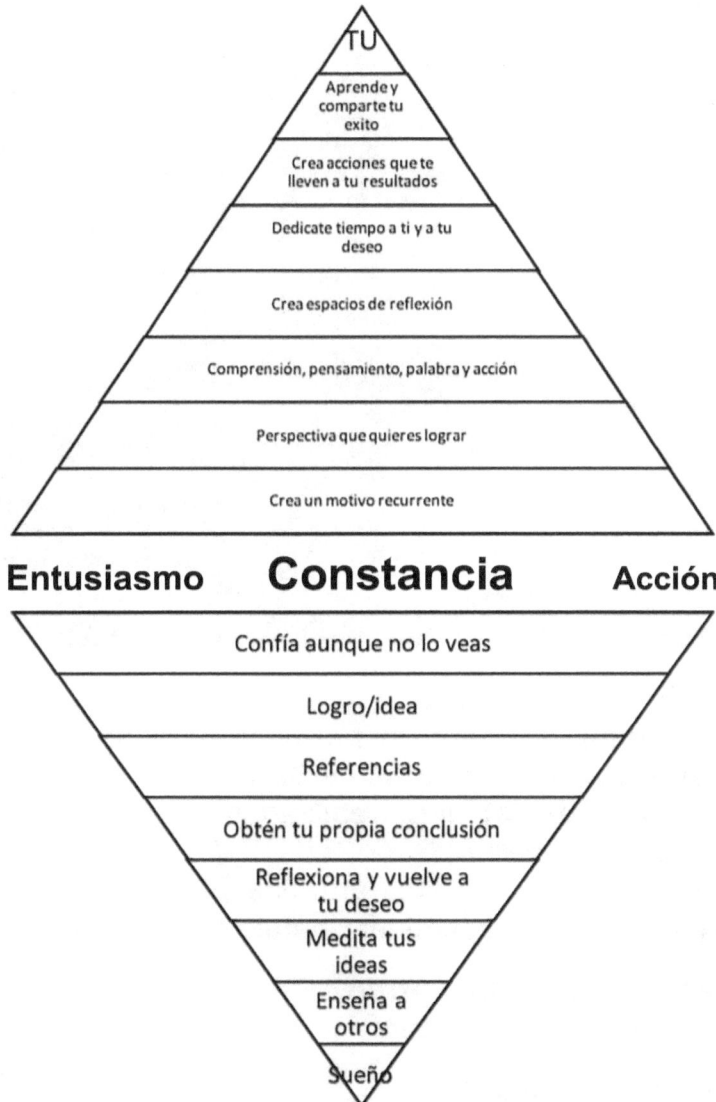

Entusiasmo **Constancia** **Acción**

Mundo cuántico (Nuevos hábitos buenas bases)

8. Eres importante para mi.
   Deseo que tu crezcas y evoluciones:

Tu nombre: ....
-Un descuento por persona por la compra de este libro.
-La mentoría no durará más de 30 min.
-Tener las bases del juego realizadas.
-Estructura de preguntas.
-Cuaderno con las notas apuntadas.
-Estructura creada desde Maribélula hasta Sueñalula.

Puedes mandarme un correo a:
isabelaznar888@gmail.com

1. Foto del descuento.
2. Tu nombre anotado debajo.
3. ¡Te espero!

Puedes seguirme en:

Youtube: Isabel Aznar
Facebook: Isabel Aznar.
Instagram: @Isabel_Aznar_
www.isabelaznar.com
www.maribelula.com

¡Miles de gracias!

AGRADECIMIENTOS:

Quiero dar las gracias a todas las personas que han seguido desde cerca todo mi proceso tan significativo.

En primer lugar, a las personas que han leído leen y leerán estos libros.

A mis padres, mi hermano, mis primas y sobrinos. A mis tíos, GRACIAS.

A mis amigas que siempre me acompañan. Ya sabéis quienes sois.

Ilustraciones de la Saga Maribélula:
Ana Martínez.
http://tragalagrimas.blogspot.com.es
@ana.mar.tinez

Corrección: Fernando Vargas.
e-mail: mandalasdeibiza@hotmail.com

Maquetación: Romeo Ediciones.

A Laín, por enseñarme tanto.
A Tere y Lluis. por acompañarnos.

Rocío Jiménez y su escuela de maquillaje Alegría Make-Up.

A mis compañeros de trabajo creativo y todo su apoyo en este proceso tan importante.

A Nekane Morales y Virginia Gonzalo y Reparando Alas Rotas.

A Susana Ollero y su fundación ME IMPORTAS.

A la fundación Luzón unidos contra la ELA (Esclerosis Lateral Amiotrófica).

A la Escuela Europea de Oratoria y a todo su equipo.

A Jose Ramón Lobo por toda su enseñanza.

A mi maestra de Reiki y fundación SER SEMILLA.

A Jorge Calzado por ayudarme a seleccionar qué es verdaderamente importante.

Una parte de la recaudación de este libro, será donada a ayudas benéficas.

A todas aquellas personas, VALIENTES, UNICAS, BRILLANTES. QUE LUCHAN POR ENCONTRAR SU MUNDO MÁGICO.

A ti, gracias.
Te amo.

Unas páginas atrás te dije:

*Me habían enseñado una imagen que había visto varias veces. Supuestamente, aparecería en mi vida. Solo tenía que esperar.

Entonces apareció el siguiente proceso...

No quería finalizar este libro sin nombrar una parte que me ayudó a reencontrar lo más importante de mi misma.

El motivo por el que entendí todo lo que había pasado en mi vida, tenía sentido hasta que llegue a:

La aceptación de lo que realmente era mi cometido de vida.

La aceptación de *por qué* había cambiado mi vida.

Es en quién te conviertes cuando te quitas los miedos.

¡Vuélvete Imparable!

"Los valientes se vuelven imparables".

Fui a aquel evento: ¡Vuélvete imparable! de Laín; sin saber dónde iba, aunque sabía que debía asistir, pues, tenía una información muy reveladora que no permitía ninguna clase de excusa, ni cambios.

Tras todas las dinámicas que practicamos, me había dado cuenta que estar allí había sido por un motivo. Fue muy intenso. Fue el paso definitivo a toda las formaciones recibidas y experiencias que yo había tenido. Aquella imagen que me mostraron aquellos seres, se hizo presente ante mis ojos.

Había reforzado todo lo que había visto en mis sueños. Aquellas experiencias habían pasado por delante de mis ojos. Las estaba viviendo sin estar dormida. Despierta. No era un sueño.

Podía ver cómo aquellos seres bajaban a ayudar a todas aquellas personas que estaban allí.

Mis guías me estaban informando del siguiente paso significativo, estaban allí ayudándome a mí, y ayudándonos a todos. Tenían mensajes para todos. Amablemente respondían a las experiencias que estaban viviendo.

Era como si estuviera viendo mi vida pasar en una pantalla gigante en una sala de proyecciones.

Aunque yo debía esperar el momento adecuado. Cuando el Universo nos ayuda a nuestro favor, siempre nos dará la señal del momento exacto, en el que rápidamente, debemos elegir si parar o seguir.

Una vez más, yo decidí seguir. Gracias a esa decisión. Laín nos ofreció su formación *"Tu primer Best Seller",* en el que pude concretar que todo lo que había soñado era cierto, y tenía gran significado.

Aquello que frenaba el proceso, se rompió en ese momento. Con su ayuda y su entusiasmo, me enseñó mucho. Fue el modo para publicar estos libros.

Los cuales me gusta mucho compartir con todos vosotros, ya que si has llegado hasta estas últimas páginas, significa que, de algún modo, te pareces a nosotros. Simplemente, por hacer cosas diferentes, como puede ser escuchar *"La voz de tu Alma"* o *"Maribélula".*

No quería finalizar esta saga, sin nombrar a mi mentor, quién me enseñó a dar todos estos pasos. No hubiera sido de otro modo, sin su apoyo, confianza, que me reafirmó mi seguridad para llegar a mi sueño.

LAÍN, autor de "LA VOZ DE TU ALMA".

Puede que haya sido un sueño, quizás una ilusión un deseo, o un sentimiento en el momento menos esperado. Alguien puso la solución al alcance de tus manos.

"Cuando tienes una visión clara, empiezan a ocurrir cosas magníficas en tu vida", "La voz de tu Alma" te ayudará a llegar a ellas como me ayudó a mí.

Todos los principios y aprendizajes que ofrece este libro, han sido leídos, practicados y recomendados por más de 400.000 personas, quienes cuentan cómo después de leer este libro, cambió su vida.

Hay tres características que despiertan la humildad de las personas, cuando reconocen que son personas como tú. Se equivocaron. Aprendieron y cambiaron a mejor.

Laín, autor en este libro, explica de forma fácil los principios básicos de la existencia. Como *motivador*, te ayudará a inspirar la parte más profunda de los resultados de tu vida.

Como *mentor*, te dirá las pautas para que logres hacer tu sueño realidad.

Señala los procesos que debemos descubrir para crecer y ser tan grandes como nuestros sueños. *"La voz de tu Alma"* te guiará de manera fácil al aprendizaje de los sucesos más importantes.

Me gusta compartir estas páginas, porque sé lo importante que es tener la información exacta en cada momento, y por la experiencia de mi propia búsqueda de ideales por descubrir. Estos principios, que también a mí me ayudaron a estructurar consejos y obtener resultados nuevos.

Comparto estas páginas, porque un día recibí un mensaje del cielo que me mostró una imagen. Es un gran honor poner estas últimas páginas tan significativas, que responden a mi sueño, mi objetivo de vida y mi cometido.

Pude conocer a Laín, quien me preparó para conseguir mi deseo más significativo. Gracias!

Puedes encontrar más información en:

www.laingarciacalvo.com

www.ingramcontent.com/pod-product-compliance
Lightning Source LLC
Chambersburg PA
CBHW030817190426
43197CB00036B/550